温州大典

歷代古籍編

经部

稿本禮記集解

第三册

〔清〕孙希旦 撰

中華書局

禮記第二十二卷

劉[illegible]記卷

八月十四日鑄鳴校一過

禮記卷十五

禮運第九之二

故政者君之所以藏身也是故夫政必本於天殽以降命命降于社之謂殽地降于祖廟之謂仁義降於山川之謂興作降於五社之謂制度此聖人所以藏身之固也殽戶教反

藏猶託也藏身謂身之所託以安也殽效也命謂政令也指其神謂之社指其形體謂之地命降于社謂政令之本於地而降者也下三句放此五祀五行之神左傳社稷五祀是尊是奉大宗伯以血祭祭五祀是也蓋政者禮而已矣禮必本於天殽於地列於鬼神鬼神體物不遺而祖廟之降格山川之生物五行之流播則其性情功效之尤顯者也自仁率親自義率祖故仁義出於祖廟山川者人之所取材故興作出

五百

於山川五行者見象於天為五星分位於地為五方行於四時為五德稟於人為五常播於音律為五聲發於文章為五色散於飲食為五味是天下之制度莫不本之故制度出於五祀聖人之為政其所效法者如此此所以政無不治而所以託其身者安固而不可危也○此下二節申言聖人承天道之意

故聖人參於天地並於鬼神以治政也處其所存禮之序也玩其所樂民之治也故天生時而地生財人其父生而師教之四者君以正用之故君者立於無過之地也樂音洛之治治直吏反（釋文　音岳又　又五教反）

參於天地並於鬼神猶中庸言建諸天地質諸鬼神之意言聖人效法於天地鬼神而參擬之比並之以求其合也樂如孟子君子樂之樂天地鬼神之道具於吾身是聖人之所存

明舊讀至從之移注釋文音下〇別出

也有以處之而率履不越則禮無不序矣天地鬼神之道見於政治是聖人之所樂也有以玩之而鼓舞不倦則民無不治矣天生四時地生貨財父生師教四者各不相兼兼是四者而使之各得其正者君之責也故君必正身立於無過之地而與天地合其德與鬼神合其吉凶然後禮序而民治也

故君者所明也非明人者也君者所養也非養人者也君者所事也非事人者也故君明人則有過養人則不足事人則失位故百姓則君以自治也養君以自安也事君以自顯也故禮達而分定故人皆愛其死而患其生明舊讀如字陳氏澔云三明字皆當作則今從之〇養（釋文）羊尚反又如字

所則為人所取法也則人取法於人也所養謂食於人養人謂食人所事謂役人事人謂役於人也為人所則所養所事者君之分也則君養君事君者民之分也禮由分出分以禮

二

顯。故人皆知尊君親上，愛其死而患其生，蓋合禮而死則死賢於生，違禮而生則生不如死也。自此以下至舍禮何以哉，申明治人情之意。

故用人之知去其詐，用人之勇去其怒，用人之仁去其貪。知音智，去羌呂反，後皆同。

知者易於詐，勇者易於怒，仁者易於貪。惟禮達分定，而民知嚮方，則有以去其氣質之偏，而全其德性之美。故用人之知而能去其詐，用人之勇而能去其怒，用人之仁而能去其貪也。朱子曰：人之性易得偏，仁善的人便有貪便宜意思，廉介多是剛硬的人。

故國有患，君死社稷謂之義，大夫死宗廟謂之變。變，鄭讀為辨，陳氏讀如字，今從之。

陳氏祥道曰社稷天子之社稷也故君死之則義而正宗廟已之宗廟也故大夫死之則非義而變也然則大夫之義而正者如之何曰死衆而已愚謂國君與社稷共存亡故死社稷者謂之義大夫得罪於君則當出亡若致死以守宗廟則謂之變若鄭之伯有晉之欒盈是也蓋大夫死宗廟乃誤用其勇而至於懟者惟不明於上下之分故也禮達分定則有仗節死義之風而無作亂犯上之禍矣

故聖人耐以天下爲一家以中國爲一人者非意之也必知其情辟於其義明於其利達於其患然後能爲之耐古能字辟婢亦反

釋文音　耐古能字

禮達分定人皆愛其死而患其生則是天下雖遠而民之親其君不啻父子兄弟之相親愛如一家之人也中國雖大而下之趨上不啻手足頭目之相捍衛如一人之身也意之者

三

謂以私意測度不能實知其理之所以然也辟猶通也開也聖人於人之情義利害知之無不明故處之無不當而能以天下為一家中國為一人也

何謂人情喜怒哀懼愛惡欲七者弗學而能何謂人義父慈子孝兄良弟弟夫義婦聽長惠幼順君仁臣忠十者謂之人義講信脩睦謂之人利爭奪相殺謂之人患故聖人之所以治人七情脩十義講信脩睦尚辭讓去爭奪舍禮何以治之釋文惡烏路反下同弟弟上如字下音悌長竹丈反

孔氏曰昭二十六年左傳云人有六情喜怒哀樂好惡此云欲則彼云樂此云愛則彼云好也六情之外增一懼為七陳氏祥道曰父慈子孝兄良弟弟夫義婦順閨門之義長惠幼順鄉黨之義君仁臣忠朝廷之義愚謂愛謂相親愛如父愛子子愛父是也欲謂貪欲如目欲色耳欲聲是也中庸言喜

怒哀樂左傳言喜怒樂好惡為六情此言喜怒哀懼愛惡欲為七情盖人値所好則善喜値所惡則怒得所愛則樂失所愛則哀而於所怒所哀之将至而未至也則懼故総之為四析之則為六又析之則為七也十義先父子而後兄弟夫婦先尊而後卑也先兄弟而後夫婦先天合而後人合也先閨門而後鄉黨先鄉黨而後朝廷先後而後遠也情不治則亂義不治則壞信睦非講且脩則廢爭奪非尊尚辭讓則不能去此四者非禮則無以治之也

飲食男女人之大欲存焉死亡貧苦人之大惡存焉故欲惡者心之大端也人藏其心不可測度也美惡皆在其心不見其色也欲一以窮之舍禮何以哉【釋文】度大洛反見賢遍反

馬氏晞孟曰莫非欲也而飲食男女欲之甚也故曰大欲莫

四

非惡也而死亡貧苦惡之甚也故曰大惡喜怒哀懼愛惡欲皆所謂情而情之所本尤在於欲惡故曰心之大端愚謂情者心之所發心者情之所具情雖有七而喜也愛也皆欲之别也怒也哀也懼也皆惡之别也故情七而欲惡可以該之故曰欲惡者心之大端也人心之欲惡不可見而惟禮可以窮之蓋見其所爲之合禮則知其情之美矣見其所爲之悖禮則知其情之惡矣窮之而後能治之情治則人義無不脩信睦之風敦而爭奪之患息矣

○故人者其天地之德陰陽之交鬼神之會五行之秀氣也

徐氏師曾曰上天之載無聲無臭而實造化之樞紐品彙之根柢此天地之實理而爲生人之本也理一而已動而爲陽陽變交陰靜而生陰陰合交陽此實理之流行而爲生人之

機也由是二氣凝聚陰靈為鬼聚而為魄陽靈為魂聚而成魂此寔理之凝成而人于是乎生矣形生而四肢百骸無有偏塞五行之質之秀也神發而聰明睿知無有駁雜五行之氣之秀也此實理之全具而人之所以靈於人物也愚謂天地之德以理言陰陽鬼神五行以氣言人兼此而生周子所謂太極之真二五之精妙合而凝也魂者神之盛魄者鬼之盛陰陽之交指其氣之初出於天地者而言鬼神之會指其氣之已具于人身者而言天地之生人物皆予之理以成性皆賦之氣以成形然以理而言則其所得於天者人與物未嘗有異以氣而言則惟人獨得其秀此其所以為萬物之靈而能全其性也○自此以下至故人情不失明人情之本於天道而本天道者之所以治人情也

故

故天秉陽垂日星地秉陰竅於山川播五行於四時和而后月生也是以三五而盈三五而闕竅苦弔反播彼佐反

秉持也竅孔也垂者在上而照臨乎上也竅者在下而通氣乎上也播分散也播五行於四時者春為木夏為火秋為金冬為水而土則寄王於四季也三五而盈自朔以至望也三五而闕自望以至晦也四時分而為十二月而月弦望晦朔於其中五行之氣和則四時之序順而月之弦望晦朔無不如期而生矣李氏光地曰日星從天而屬陽四時日星之所經也山川從地而屬陰五行山川之所主也然五行之氣寔上播乎四時之間如雷電風霆雲雨霜露之感遇聚散無非山川所鬱五行之精地所載之神氣然皆應天之時與之同

流故天雖有春夏秋冬之四時而所以生化萬物者亦不離乎風雨霜露而已夫五行播於四時是天地陰陽之和合也和合故月生焉陰精陽氣會於太虛而成象生之謂也古今説者皆謂月在天日星之下而居地之上其去地最近是月在天地之中而所以調和斟酌乎陰陽者故曰月以爲量也其盈也三五以受陽之施其闕也三五以毓陰之孕故月雖懸象於天而實地類故既經緯日星以佐四時寒暑之令而又専司山川風雨胎育羣陰也

五行之動迭相竭也（如字）迭（釋文）大計反又田結反竭鄭讀爲楬（義作揭其列反）陳氏陸氏竭

鄭氏曰竭猶負戴也孔氏曰物在人上謂之負戴氣之過去者下亦負戴之陳氏祥道曰竭猶所謂休也休則有王故竭則有盈陸氏佃曰竭也盡也不王則金竭木王則水竭愚謂

六

此包下文四節而言蓋四時因五行之所播而五聲五味五色亦莫非五行之所分著其流行變動皆造相為休王也

五行四時十二月還相為本也還音旋下同

五行各以其時之王者為本春木王夏火王季夏土王秋金王冬水王是四時各有其本也然春三月皆木而正月為寅二月為卯三月為辰是十二月又各有其本也

五聲六律十二管還相為宮也

鄭氏曰五聲宮商角徵羽也其陽管曰律陰曰呂布十二辰始於黃鍾管長九寸下生者三分去一上生者三分益一終於南呂更相為呂凡六十也孔氏曰十二管更相為宮以黃鍾為始黃鍾下生林鍾林鍾上生大蔟大蔟下生南呂南呂上生姑洗姑洗下生應鍾應鍾上生蕤賓蕤賓上生大呂大呂

下生夷則夷則上生夾鐘夾鐘下生無射無射上生中呂隨其相生之次每辰各自為宮各有五聲十二律相生至中呂而畢黃鐘為第一宮下生林鐘為徵上生大簇為商下生南呂為羽上生姑洗為角林鐘為第二宮上生大簇為徵下生南呂為商上生姑洗為羽下生應鐘為角大蔟為第三宮下生南呂為徵上生姑洗為商下生應鐘為羽上生蕤賓為角南呂為第四宮上生姑洗為徵下生應鐘為商上生蕤賓為羽上生大呂為角姑洗為第五宮下生應鐘為徵上生蕤賓為商上生大呂為羽下生夷則為角應鐘為第六宮上生蕤賓為徵上生大呂為商下生夷則為羽上生夾鐘為角蕤賓為第七宮上生大呂為徵下生夷則為商上生夾鐘為羽下生無射為角大呂為第八宮下生夷則為徵上生夾鐘為商下生

無射為羽上生中呂為角湏則為第九宮上生夾鍾為徵下生
無射為商上生中呂為羽上生黃鍾為角夾鍾為第十宮下
生無射為徵上生中呂為商上生黃鍾為羽下生林鍾為角
無射為第十一宮上生中呂為徵上生黃鍾為商下生林鍾
為羽上生大簇為角中呂為第十二宮上生黃鍾為徵下生
林鍾為商上生大簇為羽下生南呂為角是十二律各有五
聲凡六十聲朱子曰五聲相生至於角位隔八下生當得宮
前一位以為變宮又自變宮隔八上生當得徵前一位以為
變徵自此下生餘分不可損益故立均之法至是而終焉孔
氏以本文但云五聲十二管故不及二變而止為六十聲增
入二變二十四聲合為八十四聲自唐以來法皆如此又曰
十二律相生至仲呂而窮自仲呂復上生黃鍾不及九寸于

是有變律又曰十二正律各有一定之聲而旋相為宮則五聲初無定位當高者或下當下者或高則宮商失序而不和故取其半律以為子聲朱子變律半律之説其詳見於儀禮經傳通解鍾律篇

五味六和十二食還相為質也（釋文）和户卧反

鄭氏曰五味酸苦辛鹹甘也和之者春多酸夏多苦秋多辛冬多鹹調以滑甘是為六和愚謂十二食十二月之所食也質猶本也旋相為質者如春三月則以酸為質夏三月則以苦為質也

五色六章十二衣還相為質也

五色謂青赤黄白黑五方之色也加以天元為六章考工記東方謂之青南方謂之赤西方謂之白北方謂之黑天謂之元地謂之黄是也十二衣十二月之所衣也旋相為質者如

八

冕服則以元為質皮弁服則以素為質也蓋五味有四時之分而無每月之別若衣則因事而服冕服以祭韋弁以兵皮弁以朝并無四時之異月令春衣青夏衣朱秋衣白冬衣黑乃秦法耳此因上文言十二月十二律故以十二食十二衣配而言之謂以六味六和於十二月食之以五色六章於十二月衣之耳若必於衣食求其十二之說則鑿矣

故人者天地之心也五行之端也食味別聲被色而生者也別彼列反被彼義反

釋文

天地之心謂天地所主宰以生物者即上文天地之德也人物各得天地之心以生而惟人之知覺稟其全故天地之心獨於人具之而物不得與焉端緒也五行之性不可見自人稟之以為仁義禮知信然後其端緒可見也五味六和物不

能偹也而人則盡食之五聲六律物不能辨也而人則能别之五色六章物不能全也而人則兼被之天地之心五行之端謂其有生之初而言其稟義理之全食味别聲被色而生據其既生之後而言其得形氣之正也不言陰陽鬼神者五行一陰陽而陰陽之良能即鬼神也言五行則陰陽鬼神在其中矣此以結上文七節之意也

故聖人作則必以天地為本以陰陽為端以四時為柄以日星為紀月以為量鬼神以為徒五行以為質禮義以為器人情以為田四靈以為畜　柄本又作枋兵命反量音亮畜許又反下並同

則法也以天地為本者道之大原出于天聖人之所效法莫非天地之道也端首也以陰陽為端者仁育萬物法陽之溫義正萬民法陰之肅聖人之政治以二者為端首也柄者工

之所執也以四時為柄者四時有生長收藏聖人執而用之以為作訛成易之序也以日星為紀者歲有四時而日星運行乎其間若網之有綱而又有紀聖人因之以為紀若日在北陸而藏冰西陸朝覿而出之龍見畢務水昏正而栽之類是也月以為量者十二月各有分限聖人因之以為量孟春則有孟春之令仲春則有仲春之令也鬼神以為徒者明則有禮樂幽則有鬼神聖人之功用與天地之功用並行迭運若相為徒侶然也五行以為質者制度出于五行聖人凡有興作必以此為質幹而因而裁制之也禮義以為器者聖人用禮義治人情猶農夫用耒耜之器以耕田也人情以為田者人情為聖人之所治猶田為農夫之所耕也四靈以為畜者四靈並至聖人養之若養六畜然也吳氏澄曰上言人以

天地陰陽五行而生此言聖人制禮以治人亦取法于天地
陰陽五行也

以天地為本故物可舉也以陰陽為端故情可睹也以四時為柄故事可勸也以日星為紀故事可列也月以為量故功有藝也鬼神以為徒故事可守也五行以為質故事可復也禮義以為器故事行有考也人情以為田故人以為奧也四靈以為畜故飲食有由也鄭註藝或為倪

萬物皆天地之所生故以天地為本而物可舉也人情不出乎陰陽二端故以陰陽為端而人情可睹也生長收藏隨時無失故民不假督勵而事皆勸勉也列謂以次第陳列之也敬授人時各有早晚故事可次第陳列也藝謂事之分限後云協于分藝藝之分皆此義也月以為量則十二月之政各

有分限而不相踰越矣鬼神體物不遺鬼神為徒則事皆有所循以守矣復者終而復始之意五行循環迭運以五行為質則事之已終者可復矣考成也以農罷治田則農功成以禮義治人則事行成與主也田無主則荒廢故用人為主聖人以人情為田而其情不至于荒廢故人以為與四靈為羣物之長既為聖人所畜則其屬並隨而至得以充庖厨故飲食有由

何謂四靈麟鳳龜龍謂之四靈故龍以為畜故魚鮪不淰鳳以為畜故鳥不獝麟以為畜故獸不狘龜以為畜故人情不失釋文鮪于軌反淰音審徐又舒冉反釋文作獝同況必反狘況越反

方氏慤曰麟體信厚鳳知治亂龜兆吉凶龍能變化故謂之四靈孔氏曰淰水中驚走也獝驚飛也狘驚走也魚鮪從龍

鳥從鳳獸從麟其長既來故其屬見人不驚走也龜知人情既來應人知人情善惡故人各守其行其情不失也

○故先王秉蓍龜列祭祀瘞繒宣祝嘏辭説設制度故國有禮官有御事有職禮有序蓍音尸瘞于例反又于罽反繒本又作增同以仍反○鄭註繒或為贈

瘞埋也繒帛也瘞帛以降神地祇之祭也宣祝嘏辭説宗廟之祭也二者皆列祭祀之事也制度城郭宮室車旗之屬也秉蓍龜以決其嫌疑列祭祀以盡其昭假而禮達於上矣設立制度以治民而禮達於下矣御治也惟上下一于禮故官有所御而事得其職所行之禮莫不順其次序也○自此以下申以禮示之故天下國家可得而正之意而極言其功效之盛也

十一

○故先王患禮之不達於下也故祭帝於郊所以定天位也祀社於

國所以列地利也祖廟所以本仁也山川所以儐鬼神也五祀所以本事也故宗祝在廟三公在朝三老在學王前巫而後史卜筮瞽侑皆在左右王中心無為也以守至正朝直遥反侑音又

此承上節而申言先王以禮自治之事也天地祖廟山川五祀先王之所效法以為政治故還本其功而報之尊天故祀之於郊定天位所謂祀於南郊就陽位也國謂國中也親地故祀之於國列地利謂陳列其養人之功而報之也於天曰定天位於地曰列地利互見之也本仁謂本於仁恩之意也祖廟山川五祀皆鬼神獨於山川言之者亦所以與上下為互也本事謂本制度之所自出而報之也先王患禮之不達於下而行禮必自上始故其致謹于祭祀以報功于神祇追孝于祖考者如此前巫者周禮男巫王弔則與祝前是也後

史者君舉必書記言記動之史恒從王而在後也瞽樂官也侑勸也王有疑則卜筮食則樂官以樂侑也先王以禮事天地鬼神而行禮又有其本故宗祝在廟以相其禮三公在朝以論其道三老在學以乞其言巫以却其不祥史以記其言動卜筮以助其明智瞽侑以導其中和其環列于前後左右者無非所以格其非心而納諸軌物王則中心無所作為而絶乎人欲之擾所守得其至正而循乎天理之則蓋不待登壇場秉圭卷而齋戒神明之德固已黙通于鬼神矣是以郊焉而格廟焉而享而其效如下文之所言也

故禮行於郊而百神受職焉禮行於社而百貨可極焉禮行於祖廟而孝慈服焉禮行於五祀而正法則焉故自郊社祖廟山川五祀義之脩而禮之藏也

百神天之羣神也受職各率其職也極盡也謂可盡得而用也服行也孝慈服言天下化之而服行孝慈之道也正法則言法則得其正也不言山川與作者法則中包之也義以禮言禮以文言脩者禮也義因禮而見故曰義之脩藏者義也禮因義而起故曰禮之藏

○是故夫禮必本於大一，分而為天地，轉而為陰陽，變而為四時，列而為鬼神。其降曰命，其官於天也。釋文：大音泰

大者極至之名一者太不貳之意大一者上天之載純一不貳而為理之至極也分而為天地而乾坤之位以定轉而為陰陽而動靜之氣以行列而為四時而春夏秋冬錯行不悖列而為鬼神而屈伸變化體物不遺降猶降衷之降其降曰命者言天理之流行而賦於物者則謂之命所謂天命之謂

音問至從王校
古亂反下用○別

五月廿八

性也官主也其官於天者言此所降之命莫非天之所主所
謂道之大原出於天也此一節以天理之本然者言之所謂
天高地下萬物散殊而禮制行焉者也
夫禮必本於天動而之地列而之事變而從時協於分藝其居人
也曰養其行之以貨力辭讓飲食冠昏喪祭射御朝聘分音問後同養鄭讀
為義王肅如字今從王冠古亂反○釋文
此乃言聖人制禮之事也天者禮之所從出故聖人之制禮
莫不本之動而之地而為朝廟鄉黨之異列而之事而為吉
凶軍賓之分變而從時而或損或益之各有所宜協於分藝
而大事小事之各有其稱其居人也曰養者言禮之在人所
以養其身心而非以煩苦天下也貨力飲食者行禮之具辭
讓者行禮之文冠昏喪祭射御朝聘者行禮之事人之行禮

十三

如此乃禮達於下之實也蓋先王之於禮既已履之於身以先天下而其所以教人者又皆出于天理之本然而即乎人情之所安此其所以行之而無弗達也馬氏晞孟曰禮以養人為本故曰養荀子曰恭敬辭讓之所以養安禮義文理之所以養情蓋聖人之道寓於度數之間莫非順性命之理而所以養人也

○故禮義也者人之大端也所以講信脩睦而固人肌膚之會筋骸之束也所以養生送死事鬼神之大端也所以達天道順人情之大竇也故唯聖人為知禮之不可以已也故壞國喪家亡人必先去其禮釋文竇音豆壞音怪喪息浪反石經固人下有之字

肌膚筋骸四者聚而為身有禮則莊敬日強惰慢邪僻之氣無自而入而肌膚之會筋骸之束自此固矣講信脩睦而見

五百〇十一

於事者無不誠固人肌膚筋骸而動於身者無不莊以明則養生送死以幽則事鬼神亦惟禮義為大端緒也道出於天先王制禮以達之而秩叙經曲自此而行情具於人先王制禮以順之而喜怒哀樂由此而和竇孔穴也孔穴物之所出入禮亦天道人情之所由以出入也禮所以内治其身心外治其天下國家故壞亂之治國喪敗之家死亡之人皆由自去其禮而致然○吴氏澄曰順人情三字為此條之體要自此以至終篇皆演順字之意

麹當作麴

故禮之於人也猶酒之有櫱也君子以厚小人薄以 櫱魚列反 釋文

櫱麹（麴）也禮所以成人猶櫱所以成酒也櫱厚則酒美櫱薄則酒薄禮厚則其人為君子禮薄則其人為小人

○故聖王脩義之柄禮之序以治人情故人情者聖王之田也脩禮

十四

以耕之，陳義以種之，講學以耨之，本仁以聚之，播樂以安之。耨，奴豆反 釋文

方氏慤曰：義者所揆，有宜而不可失，故言柄；禮者所行，有節而不可亂，故言序。禮義本出于人心，而或至無禮無義，心動而情亂也。聖人脩其柄與其序，還以治人之情而已。愚謂此以申明上文禮義以為器、人情以為田之義也。人情不治則荒穢，脩禮以治人情，猶農夫用耒耜以耕，所以墾闢荒穢也。然為禮而不合乎義，則無以各適乎事之宜，故必陳之以義，然後大小多寡各適其宜，猶耕者之因地宜而播種也。然非明乎其理，則於義之是非或不能辨，故必講之以學，以去其非而存其是，猶耕者之耨，所以去稂莠而長嘉禾也。然非去人欲、存天理，則其所講者終非已有，故必本之於仁，然後德存乎心而實有諸已，猶耕者之穫而聚之于家也。然非有以

進之于安則其所以本者未必不終失之故必播之以樂歌咏以永其趣舞蹈以暢其機然後所存者洽而可以不失猶耕者之既穫而食免于勤苦而得其安美也盖先王既修禮義以治天下又設為學校使天下之人從事于學問之途者其事如此故其為君子者既能窮理盡性以進于聖賢其為小人者亦有以開其知覺復其天良振興鼓舞遷善而不自知此先王以禮義治人情之倫也

故禮也者義之實也協諸義而協則禮雖先王未之有可以義起也

陳氏澔曰實者定制也禮者義之定制義者礼之權度禮一定不易義隨時合宜故協合于義而合雖先王未有此禮可酌於義而創為之

十五

義者藝之分仁之節也協於藝講於仁得之者強

陳氏澔曰藝以事言仁以心言事之處于外者以義為分限之宜心之發于內者以義為品節之度協於藝者合於事理之宜也講於仁者商度其愛心之親疎厚薄而協合乎行事大小輕重之宜一以義為裁之制焉上好義則民莫敢不服故得之者強

仁者義之本也順之體也得之者尊

陳氏澔曰仁者本心之全德故為義之本是乃百順之體質也元者善之長體仁足以長人故得之者尊上文言禮者義之實此言仁者義之本實以散體言本以全體言同一理也張子謂經禮三百曲禮三千無一事之非仁也猶之木也從根本至枝葉皆生意此全體之仁也自一本至于枝萬葉先

後大小各有其序此散體之禮也而其自本至末一枝一葉各得其宜者義也吳氏澄曰順乎天理畧無違逆中節之和也由全體之中發而為中節之和全體之中仁也大用之和順也故仁為順之體愚謂此三節皆所以明禮義與仁其相資而不可闕者如此以申上文脩禮以耕陳義以種本仁以聚之意不言講學播樂者蓋學者仁義禮之所藉以講明樂者仁義禮之所由以精熟不在三者之外也

故治國不以禮猶無耜而耕也為禮不本於義猶耕而弗種也為義而不講之以學猶種而弗耨也講之以學而不合之以仁猶耨而弗穫也合之以仁而不安之以樂猶穫而弗食也安之以樂而不達於順猶食而弗肥也耜音似不釋文作不下放此種之用反穫戶郭反

吳氏澄曰此反觧上文而以順為極也治國謂治一國之人

十六

情合之以仁謂合聚衆理於一心仁而未能安是猶與仁為二也成於樂而安於仁則與仁為一矣仁者體之全於內順者用之達於外仁之體雖全而順之用未達猶內腹雖充而外體未肥故必達於順而後為禮義治情之極功也

四體既正膚革充盈人之肥也父子篤兄弟睦夫婦和家之肥也大臣法小臣廉官職相序君臣相正國之肥也天子以德為車以樂為御諸侯以禮相與大夫以法相序士以信相考百姓以睦相守天下之肥也是謂大順大順者所以養生送死事鬼神之常也

鄭註車或為居

四體既正者天居〔君〕泰然而手容恭足容重無不從令也膚革充盈者睟面盎背和順積於中而英華發於外也父慈子弟〔孝〕故父子篤兄良弟弟故兄弟睦夫義婦聽故夫婦和大臣法

誼字誤

五の十の

則必不至於倍小臣廉則必不至於竊官職相序小宰所謂以官府之六叙正羣吏以叙正其位進其治作其事制其食受其會聽其情也君正其臣以道揆率其下臣正以[其]君以法守事其上車以載物天子之德所以容載天下故曰以德為車樂以導和而感人為深天子之德所以無所不達者賴有樂以導之猶車之恃御以行也故曰以樂為御以禮相與謹於邦交而大能字小小能事大也以法相序大宰職所謂以八法治官府而官屬官職官聯官常官成官法官刑官計皆秩然而不紊也以信相考而朋友之義誼以睦相守而鄉閭之情親蓋以禮義治人情而其功效之極至於如此前言禮義者人之大端而以講信脩睦三條申言其說此獨以養生送死事鬼神言之者蓋大順即順天道達人情之意諸侯以

十七

下以禮相與以法相叙以信相考以睦相守即講信脩睦之事四體既正膚革充盈則視所謂固肌膚之會筋骸之束者又有進矣獨養生送死事鬼神之意未顯故舉此以結之

故事大積焉而不苑並行而不繆細行而不失深而通茂而有間連而不相及也動而不相害也此順之至也故明於順然後能守危也

釋文苑于粉反繆音謬間如字

陳氏澔曰以大順之道治天下則雖事之大者積疊在前亦不至於膠滯雖事之不同者一時並行亦不至舛謬雖小事所行亦不以微細而有失也雖深窅而可通雖茂密而有間謂有中間也兩物接連而相及則有彼此之爭兩事一時而俱動則有利害之爭不相及不相害則無所爭矣此泛言天下之事有大有細有深有茂有連有動而自然各得其分理

章卅六

者順之極至也愚謂危即前政不正則君位危之危必明於順而後能達於順達於順而後能治政安君以為藏身之固而不至於危也

故禮之不同也不豐也不殺也所以持情而合危也殺所戒反

徐氏師曾曰貴賤有等故禮制不同宜儉者不可豐宜隆者不可殺凡此禮制之順所以維持人情不使驕縱保合上下不使危亂也愚謂此申上明於順然後能持危之意蓋君位之危皆起於下淩而上替而淩替之患皆由於人情之驕縱禮有豐殺之節所以維持人情和合上下而使之各安其分也上專以君位言之故曰守危此兼以上下言之故曰合危然禮之順非一而不豐不殺者特其一端耳故下文又以順之事廣言之

十八

故聖王所以順山者不使居川不使渚者居中原而弗敝也用水火金木飲食必時合男女頒爵位必當年德用民必順故無水旱昆蟲之災民無凶饑妖孽之疾故天不愛其道地不愛其寶人不愛其情故天降膏露地出醴泉山出器車河出馬圖鳳凰麒麟皆在郊棷龜龍在宮沼其餘鳥獸之卵胎皆可俯而闚也則是無故先王能脩禮以達義體信以達順故此順之實也當丁浪反災釋文作烖孽又作蠥魚列反妖又作祅醴本又作澧音禮棷素口反或作藪

鄭氏曰小洲曰渚高平曰原山者利其禽獸渚者利其魚鹽中原利其五穀使各安其所不易其利以勞敝之也用水謂漁人以時漁為梁春獻鱉蜃秋獻龜魚是也用火謂司爟四時變國火以救時疾及季夏出火季秋納火也用金謂丱人以時取金玉錫石也用木謂山虞仲冬斬陽木仲夏斬陰木

書五十二

飲食謂食齊視春時羹齊視夏時醬齊視秋時飲齊視冬時合男女謂媒氏合男三十而取女二十而嫁頒爵位謂司士稽士任進退其爵禄也用民必順不奪農時也昆蟲之災螟螽之屬無災疾者言大順之時陰陽和也天不愛其道三句言嘉瑞應人情至也膏猶甘也器謂若銀甕丹甑也馬圖謂龍馬負圖而出孔氏曰禮緯斗威儀云其政太平山車垂鉤註云山車自然之車垂鉤不揉治而自圓曲方氏慤曰五行獨不言土以飲食見之飲食土所生也愚謂山者不使居川渚者不使居中原因乎地利而順之也用水火金木飲食必時因乎天時而順之也用水火金木飲食之事甚廣鄭氏所言特畧舉其一端耳合男女頒爵年必當年德用民必順因乎人情而順之也自此以下皆言順之所感而應也說文云

十九

衣服歌謠草木之怪謂之妖禽獸蟲蝗之怪謂之孽順之所感始於無烖害而終於致嘉應由淺而深也山出器謂出自然之器鄭氏所謂銀甕丹甑是也山出車謂出自然之車孔氏所謂山車垂鉤是也鳥不獝而巢在下故可俯而闚其卵獸不狘而近人故可俯而闚其胎天不愛其道者風雨節而寒暑時而降膏露則不愛其道之至也地不愛其寶者五穀稔而貨財殖而地出醴泉山出器車河出馬圖則不愛其寶之至也人不愛其情者不獨親其親不獨子其子而仁心足以感鳥獸則不愛其情之至也無故無他故也脩禮以達義者外脩禮制而達之天下無不宜體信以達順者内體誠實而達之天下無不順也義者禮之理禮者義之實惟脩禮而後能達義信者盡己之忠順者循物之信惟體信而後能達

順也然所謂大順者亦不外於以禮義治人情而致之則脩禮達順亦非有二事矣夫子感當時之衰而有志於唐虞三代之治而為子游言禮義治天下其體信達順至於如此所謂上下與天地同流者使夫子而得行其道其功效固如此也嗚呼盛矣朱子曰體信是忠達順是恕體信是無一毫之偽達順是發而中節無一物不得其所又曰信是實理順只在和氣體信是致中底意思達順是致和的意思

禮記二十三卷

八月十五十六日鏘鳴校一過

禮記卷二十三

孫希旦集解

禮器第十之一

此篇以忠信義理言禮而歸重於忠信以内心外心言禮之文而歸重於内心蓋孔子禮樂從先進禮奢寧儉之意禮運言禮之行於天下而極其效於大順由體而達之於用也此篇言禮之備於一身而原其本於忠信由外而約之於内也二篇之義相為表裏。方氏慤曰形而上者謂之道形而下者謂之器道運而無名器運而有跡禮運言道之運禮器言器之用愚謂此以禮器名篇亦以其在簡端耳非有他義也諸家多從禮器二字立説似非本旨今姑録方氏之説以備一解云

○禮器是故大備大備盛德也禮釋回增美質措則正施則行其在

人也火也如竹箭之有筠也如松柏之有心也二者居天下之大端矣故貫四時而不改柯易葉故君子有禮則外諧而内無怨故物無不懷仁鬼神饗德（措〔釋文錯〕七路反本又作錯〔措〕又作厝音同箭節見反筠于貧反貫古亂反柯古何反）

禮經緯萬端人能以禮為治身之䂓則于百行無所不脩而其德盛矣禮之為用能消人回邪之心增人質性之美而盛德充實於内矣措諸身則無不正施諸事則無不達而盛德發見於外矣箭竹之小者筠竹之青皮也大端猶言大節竹箭有筠以貞固於其外松柏有心以和澤於其内二物於天下有此大節故能貫乎四時而枝葉無改其在人身則禮之釋回增美以充其德於内者猶松柏之心禮之措正施行以達其德於外者猶竹箭之筠故君子有禮則外而鄉國無不諧和内而家庭無所怨悔人歸其仁神歆其德遠近幽明無

不感通亦猶松柏之不改柯易葉也○鄭氏云禮器言禮使人成器如耒耜之為用也人情以為田脩禮以耕之此是也大倫自耕至於食之弗肥似以此篇為承上篇而作然上篇語意已盡此篇之義與上篇不同而其文体亦别非一人所作也

○先王之立禮也有本有文忠信禮之本也義理禮之文也無本不立無文不行 石經無有文二字

忠信謂存諸心者無不實故為禮之本義理謂見於事者無不宜故為禮之文無本則見於事者為具文故禮不立無文則存諸心者為虛願故禮不行釋回增美者所以立其忠信之本措正施行者所以達其義理之文此一節乃一篇之綱領

○禮也者，合於天時，設於地財，順於鬼神，合於人心，理萬物者也。是故天時有生也，地理有宜也，人官有能也，物曲有利也。故天不生，地不養，君子不以為禮，鬼神弗饗也。居山以魚鼈為禮，居澤以鹿豕為禮，君子謂之不知禮。

孔氏曰：忠信為本，易見；而義理為文，難睹。故此以下廣說義理為文之事。君子行禮，必須仰合天時，俯察地理，中察人事。天時有生者，若春薦韭卵，秋薦麥魚是也。地理有宜者，若高田宜黍稷，下田宜稻麥是也。人官有能者，人居其官，各有所能，若司徒奉牛，司馬奉羊，及庖人治庖，祝治尊俎是也。物曲有利，若麴蘖利為酒醴，絲竹利為琴瑟（笙）是也。天不生，謂非時之物，若冬瓜夏橘及李梅冬實之屬。地不養，若山之魚鼈，澤之鹿豕。君子不以為禮，是不合人心；鬼神不饗，是不順鬼神也。

按孔疏作俯會地理中趣人事

孔疏瑟作笙

孔疏作寒瓜

王司 五十二

方氏慤曰以陽生於子故祀天於冬之日至以陰生於午故
祭地於夏之日至以飲養陽氣故饗禘於春以食養陰氣故食
嘗於秋此禮所以合於天時者也黍稷之馨足以為簠簋之
實水土之品足以為籩豆之薦貨無常以示遠物之致幣無
方以别土地之宜此禮所以設於地財者也以天之高故燔
柴于壇以地之深故瘞埋於坎以魂氣歸於天故焫蕭以求
陽以形魄歸於地故祼鬯以求陰此禮所以順於鬼神者也
以人莫不有男女之別故制為夫婦之禮以人莫不有君臣
之分故制為朝覲之禮莫不有追遠之心故制為喪祭之禮
莫不　有合歡之情故制為燕饗之禮此禮之所以合於人
心者也火田必（不）於昆蟲未蟄之時罻羅必於鳩化為鷹之後
獺祭魚然後虞人入澤梁豺祭獸然後田獵此禮所以理萬

三

（朱批：當作形魄）

（朱批：衛集說引是必字）

物者禮也本乎天而還以事天出乎人而還以治人則是以天
合天以人合人也故曰合地則效法焉故曰設鬼神鬼不可
遺也故曰順萬物有成理也故曰理韭生於春黍生於秋稻
生於冬所謂天時有生也山林宜毛物川澤宜鱗物邱陵宜
羽物墳衍宜介物所謂地理有宜也籩豆篠蒙璆戚施直鎛聾
瞶司火瞽瞍脩聲所謂人官有能也水之潤下火之炎上木
之曲直金之從革所謂物曲有利也上言鬼神而下不言以
天地兼之也以天所不生者為禮則逆天之時矣以地之所
不養者為禮則逆地之理矣天時地理之不可逆如此則人
官物曲可知言地所不養之物而不及天所不生者亦舉此
以見彼也劉氏彝曰君子謂之不知禮者禮以致其敬為本
不求物之所難得也愚謂曲偏也如其次致曲之曲物曲有

利言物之材質偏有所利也合於天時五句以制禮之大體言之也天時有生四句又專以行禮之所用言之也上言鬼神而下不言者蓋鬼神體物不遺天地之所生養莫非鬼神之所為不可專指一事為言也又言天不生地不養鬼神不饗正以鬼神即天地之功用而非有二也

故必舉其定國之數以為禮之大經禮之大倫以地廣狹禮之薄厚與年之上下是故年雖大殺衆不匡懼則上之制禮也節矣釋文殺色戒反徐所例反匡本或作恇音同又丘往反

應氏鏞曰定國猶立國也愚謂定國之數謂一國所入賦稅之數也經常法也倫次第也地有廣狹年有上下合此二者而定國之數可見矣然後斟酌其禮之次第薄厚以為行禮用財之常法也禮之大倫以地廣狹因乎地理之所宜也禮之

四

厚薄與年之上下因乎天時之所生也殺謂穀不熟也匡猶恐也雖凶歉而衆不恐懼以上之制禮有節有餘年財以為凶年之備也

○禮時為大順次之體次之宜次之稱次之稱尺證反後皆同

方氏慤曰天之運謂之時人之倫謂之順形之辨謂之体事之義謂之宜物之平謂之稱項氏安世曰五者自綦大至極細也

堯授舜舜授禹湯放桀武王伐紂時也詩云匪革其猶聿追來孝革紀力反詩作棘猶詩作欲聿詩作遹

禮之因革損益必隨乎時而嬗授放伐尤隨時中之大者也自倫以下皆禮之經而時者乃禮之權非有聖人之德而居天子之位不能乘時創制以達天下之大權故禮莫大乎此

詩大雅文王有聲之篇革急也猶謀也言文王作豐邑非急於成已之所謀乃所以追先人之志而來致其孝耳引之者言湯武放伐亦所追堯舜之道事雖異而道則同也盖嬗授之跡易白而放伐之心難明故引詩以證之如此

天地之祭宗廟之事父子之道君臣之義倫也

王者事天如事親事死如事生天地之祭宗廟之事與夫子之所以事父臣之所以事君皆倫常之大者也人道莫大於五倫故順次於時

社稷山川之事鬼神之祭體也

鄭氏曰天地人之别體也孔氏曰社稷山川是地之别體神是天之别體鬼是人之别體愚謂鬼謂若先帝及百辟卿士之有益於民者神謂天神日月星辰之屬社稷山川鬼神其

五

祭之之禮由天地宗廟而分猶人之四体由身而分也三者之祭其尊次於天地宗廟故体次於順

喪祭之用賓客之交義也

喪之主於哀祭之主於敬此所謂宗廟之道父子之親也若其所用之財物與夫賓客之交際其事各有所宜者所謂義也喪祭之用於哀敬為末賓客之交視鬼神為輕故又次于體

羔豚而祭百官皆足大牢而祭不必有餘此之謂稱也

鄭氏曰足猶得也稱謂稱牲之大小以為俎此指謂助祭者耳而云百官喻衆也愚謂羔小羊豚小豕王制大夫士有田則祭無田則祭鄭氏謂大夫薦用羔士薦用豚即此羔豚而祭是也百官謂助祭之人皆足謂牲之體骨足以徧及助祭

者也蓋薦則助祭者少又牲小而俎骨亦小大牢而祭則助祭者多又牲大而俎骨亦大故羔豚非不足而大牢非有餘由其稱乎大小多寡之分故也蓋禮之得宜為義就其得宜之中又酌乎多寡大小之分則謂之稱故又謂次於宜

諸侯以龜為寶以圭為瑞家不寶龜不藏圭不臺門言有稱也

孔氏曰此一節還明上經稱次之事也以禮主威儀尊卑大小多少質文各有所宜其稱非一故從此以下更廣明為稱之事諸侯以龜為寶者諸侯有守土之重宜須占詳吉凶故以龜為寶以圭為瑞者諸侯之於天子如天子之於天也天子得天之物謂之瑞故諸侯受封於天子天子與之圭亦謂之瑞書云輯五瑞又云班瑞于羣后是也云圭不云璧從可知也家卿大夫也大夫卑輕不得寶龜故臧文仲居蔡為僭卿

六

大夫不得贄玉故不得藏圭愚謂以龜爲寶者龜之大者尤神君自寶之以占國之大事大誥言寧王遺我大寶龜左傳衛有成之昭兆春秋盜竊寶玉大弓公羊傳云龜青純皆謂此也若尋常所用之龜掌於卜人者不得謂之寶也大夫所卜之龜蓋與卜人所掌者同不得藏此大龜以爲寶也卿大夫執禽摯雖得爲君執瑑圭以聘而不得家自藏之也臺門謂於門之兩旁築土爲臺高出於門望之闕然故謂之闕周禮所謂象魏左傳所謂觀臺是也天子諸侯臺門所以懸法象望氣祲大夫不得爲也○孔氏曰案三正記白虎通天子之龜尺二寸諸侯一尺大夫八寸彼謂卜龜士亦有龜故士喪禮卜宅是也兩邊築闍爲基基上起屋曰臺門諸侯有捍禦之重故爲臺門愚謂漢書食貨志云元龜尺二寸此龜之

最大者天子所寶之龜也諸侯一尺即諸侯所寶之龜也諸大夫八尺則尋常所卜之龜與卜人所掌同孔氏所謂卜龜也然寶龜未嘗不用以卜特非大事不輕卜耳爾雅闍者謂之臺有木者謂之榭孔氏謂築土為基基上起屋則榭而非臺矣臺門之設亦與捍禦無與○此章言禮之義有時以下五者此下十章皆以雜明此章之義也

禮有以多為貴者天子七廟諸侯五大夫三士一

說見王制

天子之豆二十有六諸公十有六諸侯十有二上大夫八下大夫六

鄭氏曰豆之數謂天子朔食諸侯相食及食大夫公食大夫禮曰宰夫自東房薦豆六設於醬東此食下大夫而六豆則

七

其餘著矣聘禮致饔餼于上大夫堂上八豆設于戶西則凡致饔餼堂上之豆數亦如此周禮公之豆四十其東西夾各十有二豆侯伯之豆三十有二其東西夾各十子男之豆二十有四其東西夾各六愚謂周禮醢人朝事之豆八饋食之豆八加豆八羞豆二合為二十六天子全用之而公以下遞減焉公食禮下大夫六豆韭菹醓醢昌本麋臡菁菹鹿臡此朝事之六豆也以此差而上之則上大夫全用朝事之八豆諸侯加以饋食之四豆而為十二諸公兼用朝事饋食之豆而為十六也聘禮致饔餼堂上八豆西夾六豆皆云韭菹醓醢則凡東西夾之豆實與堂上同但其數減于堂上耳○孔氏曰皇氏云天子之豆二十有六者天子庶羞百二十品籩豆各六十今云二十六者說堂上數也今案庶羞與正羞別

元本作品按周禮膳夫羞用百有二十品醬用百有二十甕

五之卅四

此上大夫八豆下大夫六豆皆為正羞天子二十六豆亦為正羞故熊氏以為正羞百二十甕之等皇氏以為庶羞其義非也愚謂皇氏以天子二十六豆為庶羞固非而熊氏以為正羞百二十甕之等其說亦尚未晰周禮膳夫王醬用百有二十品醢人王舉共齏菹醯醢物六十甕此謂實於甕而陳之者有此數耳掌客上公飧五牢食四十簠十豆四十鉶四十有壺四十鼎簋十有二腥三十有六皆陳饔餼九牢其死牢如飧之陳牽四牢米百有二十筥醯醢百有二十甕是豆配死牢醢醯百二十甕配生牢其所用不同非可合而言之也又醯醢百二十甕皆豆實也若籩實則見於籩人者惟朝事饋食加籩羞籩之實而已初無所謂六十籩者且籩實惟用於飲酒不用於食皇氏籩豆各十六物之說尤謬而孔氏

八

亦未之辨也○此節所言謂食禮之豆數也若饗神之豆數則王亦全用二十六豆而諸侯朝事饋食加豆皆減其二為十八豆加以羞豆二為二十豆五等諸侯同也少牢賓尸惟四豆盖大夫饗燕之禮上下大夫同也又左傳周公閱聘魯饗之有昌歜白里〔黑〕形鹽閱以備物辭昌歜即朝事豆實之昌本也是天子三公饗禮無昌本而公食大夫禮六豆乃有昌本饗食法異也又少牢賓尸禮亦有昌菹盖大夫饗燕禮惟用四豆遠降於諸侯故得用昌菹優之也

諸侯七介七牢大夫五介五牢

介副也牢謂主國所致饔餼之牢數也七介七牢侯伯之禮五介五牢侯伯之卿也上公九介九牢侯伯七介七牢子男五介五牢卿大夫出聘其介各降其君二等牢數則君以爵

[illegible]五十一

等五等之卿同牢。孔氏云不云天子者天子無介牢禮無等非也周禮鬯人王弔臨則共介鬯是天子非無介矣左傳吳徵百牢於魯子服景伯曰周之王也制禮上物不過十二是天子十二牢也天子之介由上公差而上之亦當十二也

天子之席五重諸侯之席三重大夫再重 重直龍反下同

陸氏佃曰天子之席五重書曰敷重篾席敷重筍席則凡王席重設行葦傳曰設席重席也周官司几筵設莞筵紛純加繅席畫純加次席黼純席皆重席是以謂之五重凡禮對文則別散文則通筵或謂之席席亦謂之筵也又天子五重諸侯三重筵皆單設席則重也大夫再重有筵則席亦單設無加席則筵蓋重爾公食大夫禮曰蒲筵常緇布純加萑席尋玄帛純萑席蓋亦單設大射儀曰司宮兼卷重席設于賓左

九

此筵亦重設也。是以謂之重席。而鄭謂公食大夫孤為賓則莞筵紛純加繅席畫純，是不知司几筵加繅席重設。主諸侯三重言之，公食大夫加萑席，主大夫再重言之，萑席单設而已。愚謂凡席以一為一重，司几筵王莞筵紛純加繅席畫純加次席黼純，繅席次席皆重設，并莞筵為五重也。書言敷重篾席，篾席即次席也，據其在上之席而言重，則繅席亦重可知。又司几筵諸侯莞筵紛純加繅席畫純，繅席亦重設，則三重也。大夫之席，則公食記云蒲筵常緇布純加萑席尋元帛純，筵與席皆单設，則再重也。鄉飲酒、鄉射禮蒲筵布純，士冠禮蒲筵二在南，是士席蒲筵而已。○熊氏謂天子之席五重為大祫之席，以司几筵言三重為時祭之席，是不知司几筵之繅席次席皆重設而強為區別也。然司几筵云凡大朝覲

五丁廿の

大饗射凡封國命諸侯設莞筵紛純加繅席畫純加次席黼純祀先王昨席亦如之此皆重禮而設席如此其餘事當有差降顧命有蔑席厎席豐席筍席蓋天子之席其加於上者有此四種各因禮之重輕而用之也天子如此則諸侯之席以莞筵加繅席為三重者亦惟祭祀饗食大禮用之而其餘當有所降也又公食大夫禮蒲筵加萑席為再重大射禮賓有加席蓋與公食禮同至燕禮之賓大射及燕禮之卿大夫則無加席又鄉飲酒禮大夫再重再重者一種席而重設之也是大夫之席隆殺有三等則天子諸侯設席之重數亦必以禮之輕重為隆殺矣○司几筵諸侯昨席莞筵紛純加繅席畫純筵國賓于牖前亦如之國賓謂諸侯為賓者鄭氏兼諸侯来朝孤卿大夫来聘者言之非也大夫之席蒲筵加萑

十

席公食禮有明文孤卿之席蓋亦與此同以五等諸侯無異席推之可知也然大夫席再重而鄉飲酒禮公三重者蓋以一種席為　三重與諸侯之三重不同鄉飲酒又云公升辭重席使一人去之則不過暫設以優之而究亦止於再重而已

天子崩七月而葬五重八翣諸侯五月而葬三重六翣大夫三月而葬再重四翣此以多為貴也　釋文翣所甲反

鄭氏曰重謂抗木與茵也葬者抗木在上茵在下士喪禮下篇陳器曰抗木横三縮二加抗席三加茵用疏布緇翦有幅亦縮二横三此士之禮一重者愚謂士喪禮陳器抗木之上又有折蓋古之為槨累木于棺之四旁而上下不周故其下藉之以茵既下棺加折于其上次加抗席次加抗木茵也折

天神爲當作天神尊依衛氏集說改

也抗席也抗木也四者脩爲一重由士禮之一重者推之則所謂再重三重五重者皆可見矣翣形如扇以木爲匡衣以白布而畫之在路以障栁車入壙以障柩喪大記曰君黼翣二黻翣二畫翣二大夫黻翣二畫翣二周禮縫人註云漢制天子有龍翣二是天子龍翣黼翣黻翣畫翣各二爲八翣也○

鄭氏謂上公四重無據

有以少爲貴者天子無介祭天特牲天子適諸侯諸侯膳以犢 釋文 犢音獨本亦作特

鄭氏曰天子無介無客禮也孔氏曰爲賓用介天子以四海爲家既不爲賓客故無介謂無以客禮陳擯介也其實餘事亦有介故鬯人共介鬯是天子臨鬼神使介執鬯也特一也天神爲貴賓故正一牛也諸侯事天子如天子事天故天子

十一

子玫言是

巡守適諸侯境上諸侯奉膳亦止一牛而已愚謂兩君相見列擯介以交辭天子無客禮故雖有介而不陳之以交辭故曰無介膳謂殷膳也掌客王巡守殷國國君膳以牲犢於祭天子特牲於膳天子言犢互見之也宗廟社稷用太牢而祭天惟特牲諸侯之禮殷膳大牢而天子惟用犢皆貴少也

諸侯相朝灌用鬱鬯無籩豆之薦大夫聘禮以脯醢 釋文朝直遙反灌古亂反鬯丑亮反脯醢上音甫下音海

灌獻也灌用鬱鬯者朝享禮畢主君酌鬱鬯之酒以禮賓也大行人上公王禮再祼而酢侯伯一祼而酢子男一祼不酢諸侯相朝之禮亦然無籩豆之薦者凡獻酒必薦籩豆惟鬱鬯之灌則無之蓋至敬不饗味而貴氣臭不敢以此褻之也脯籩實醢豆實大夫聘禮之以醴而加以脯醢則有籩豆之

四百九十九

薦矣是貴其無籩豆之少卑其有籩豆之多也○孔疏謂祭天無鬱鬯諸侯膳天子亦無鬱鬯爲尊諸侯相朝用鬱鬯爲卑非也鬱鬯之灌天子宗廟固用之矣特祭天不用耳且諸侯殷膳大牢亦未嘗有鬱鬯也祭天特牲對社稷宗廟用太牢而言天子適諸侯膳以犢對諸侯殷膳用大牢而言此節又自以朝聘相對爲義與上文初不比附未嘗以鬱鬯以有無别多少也

孔疏列作業

天子一食諸侯再大夫士三食力無數

孔氏曰食猶飧也天子以德爲飽不在食味故一飧諸侯德降天子故再飧大夫士德轉少故三飧食力謂工商農庶人之屬以其無禄代耕陳力就列乃得食故呼食力此等無德以飽爲度故飧無數愚謂食一口謂之一飯再謂連食二口

十三

兩尸字原本無不必增

三謂連食三口也孔氏以一飯再飯三飯為告飽之節非也特牲禮尸三飯告飽侑至七飯少牢禮尸七飯告飽侑至十一飯是飯之侑皆以四為節則諸侯九飯告飽侑至十三飯天子十一飯告飽侑至十五飯也少牢禮上佐食舉牢肺正脊授尸尸食舉三飯上佐食舉尸牢幹乃又食是士三飯告飽須侑乃舉牢体再食大夫三飯雖未告飽亦連食三口則止舉牢体乃再食也天子禮極文故食一口即止舉牢体乃再食諸侯禮稍簡故食二口則止舉牢体乃再食大夫士禮又簡故食三口則止舉牢体乃再食也食力無數者禮不下庶人也

大路繁纓一就次路繁纓七就 釋文 繁步干反

鄭氏曰大路繁纓一就殷祭天之車也周禮王之五路玉路

鞻字誤當據註疏本作鞅

あゝ丁卅の

繁纓十有二就金路九就象路七路革路五就木路翦繁鵠纓孔氏曰殷質以木為路無別雕飾乘以祭天謂之大路繁謂馬腹帶也纓鞻也染絲而織之曰罽五色一帀曰就就成也言五色帀一成車既素故馬亦可飾止一就也次路供卑用故就多方氏愨曰殷尚質故就之少者為大多者為次周則以多為貴故玉路十有再就郊特牲言先路三就次路五就彼謂繼先路之次路也此言七就謂繼次路而又次者也周路有五則殷固不止于三路矣

圭璋特琥璜爵 琥音虎又作虎璜音黄

鄭氏曰圭璋特朝聘以為瑞無幣帛也琥璜爵天子酬諸侯諸侯相酬以此玉將幣孔氏曰圭璋玉中之貴也特謂不用他物媵之也聘禮曰聘君以圭夫人以璋典瑞云公執桓圭

十三

幣當作帛據注疏本改

上誤止

侯執信圭伯執躬圭諸侯以相見及朝天子是圭璋朝聘以為瑞皆無幣帛表德特達不加特物也若聘禮行享之時則璧以帛琮以錦是加束帛又小行人云以玉作亦六幣圭以馬注云二王之後享天子璋以皮注云二王之後享后皮馬不上堂惟圭璋特升亦是圭璋特義也琥璜是玉劣於圭璋者也天子饗諸侯或諸侯自相饗至酬酒時則有幣將送酬爵又有琥璜之玉將幣故云琥璜爵琥璜既賤不能特達故附爵乃通也案聘禮禮賓之幣束幣乘馬又致饗以酬幣致食以侑幣鄭云禮束帛乘馬亦不是過也則諸侯於聘賓惟用束帛乘馬皆不用玉今琥璜送爵故知是天子酬諸侯及諸侯自相酬也愚謂圭璋特有二義朝聘用圭璋無束帛之藉一也六幣圭以馬璋以皮皮馬不止於堂二也上是正義

下是兼義半圭曰璋為虎形曰琥半璧曰璜

鬼神之祭单席

孔氏曰神道異人不假多重自温故也愚謂此謂祭外神之席若司几筵甸役則設熊席是也其宗廟之祭則司几筵祀先王設莞筵紛純加繅席畫純加次席黼純諸侯祭祀席莞筵紛純加繅席畫純皆不单也

諸侯視朝大夫特士旅之此以少為貴也

鄭氏曰謂君揖之孔氏曰特獨也旅衆也君出路門視諸臣之朝若大夫則君人人揖之若士則不問多寡而君衆共一揖之也大夫貴故人人得揖士賤故衆共得一揖是以少為貴此諸侯所尊者少故大夫特士旅之若天子之朝所尊者多故司士云孤卿特揖大夫以其等旅揖士旁三揖是也

邱封從例據周礼改

有以大為貴者宮室之量罍皿之度棺椁之厚丘封之大此以大為貴也釋文量音亮皿命景反

方氏慤曰周官典命宮室以命數為節自上公至子男或以九或以七或以五為節此宮室以大為貴也天子以大之路謂之大路弓謂之大弓斗謂之大斗俎謂之大房此罍皿以大為貴也尊者之棺至于四重卑者止於一重椁則周於棺此棺椁以大為貴也周官冢人以爵等為封卭之度此封卭以大為貴也量言其所容度言其所至度量宮室罍皿皆有之於宮室之量於罍皿言度互相備也愚謂罍皿以大為貴若天子之弓合九成規諸侯合七成規大夫合五成規牛昆之扃三尺膷昆二尺之類至車之淺深廣狹其制有定君路曰大路特尊其名耳

西の卅六

有以小為貴者宗廟之祭貴者献以爵賤者献以散尊者舉觶卑者舉角散悉旦反觶支豉反

鄭氏曰凡觴一升曰爵二升曰觚三升曰觶四升曰角五升曰散陸氏佃曰貴者献以爵賤者献以散所謂尸飯五君洗玉爵献卿尸飲九以散爵献士愚謂献謂献尸也君夫人献尸以爵諸臣為加爵用散明堂位爵用玉琖仍雕加以璧角是也是貴者献以爵賤者献以散也案特牲禮兄弟弟子舉觶于其長為旅酬之始又賓弟子及兄弟弟子各舉觶于其長為無筭爵之始而無舉角之事特牲禮主人献尸以角又郊特牲云舉斝角詔妥尸此雖皆用角然與卑者舉角之義不相當疑天子諸侯尸有旅酬之禮酬尸用觶而為尊者之所舉至賓與兄弟相酬避尸之所用故旅酬降而用角而為

十五

元本与下有〇

罍者之所舉與考工記梓人為飲器爵一升觶本作觚鄭氏云當作觶二升是爵與觶以木為之觚角散亦皆本為之可知朱子紹興禮器圖爵範銅為之蓋後世之制耳其形製則朱子圖謂兩柱三足有流有鋬者當得之祭統尸酢夫人執柄夫人授尸執足孔疏謂柄為尾即朱子圖所謂鋬也聶氏崇義云今祭祀之爵刻木爵立方板上失之矣然其圖乃仍為爵立方板誤也觚為稜角故謂之觚周禮瓬人云凡觴事用散尊鄭氏謂無飾曰散然則散爵亦無飾者也散爵無飾則爵觚觶角皆刻畫為飾矣天子諸侯之爵飾以玉謂之玉爵飾以瑤謂之瑤爵其角與散或以璧飾之謂之璧散璧角大夫士所用之爵蓋但有疏刻而無他飾與

瓬人文散下無爵字

五獻之尊門外缶門內壺君尊瓦甒此以大小為貴也釋文甒音武

鄭氏曰壺大一石瓦甒五斗缶大小未聞易曰尊酒簋貳用缶愚謂子男饗酒五獻五獻之尊饗子男所用之尊也瓦甒即燕禮之瓦大也士冠禮側尊一甒醴聘禮醴尊于東箱瓦大一是甒與大皆可以盛醴又皆瓦為之其為一器無疑此瓦甒蓋亦以盛醴以為君尊壺與缶皆以盛酒壺以為卿大夫之尊缶以為士旅食者之尊也燕禮兩方壺在東楹之西以為卿大夫士之尊兩圜壺在門西以為士旅食者之尊此兩君相饗故惟君尊設於堂上而卿大夫士之尊設於門內士旅食者之尊設於門外也燕禮卿大夫士之尊為方壺士旅食者之尊為圜壺豈所謂圜壺者即缶與

有以高為貴者天子之堂九尺諸侯七尺大夫五尺士三尺天子諸侯臺門此以高為貴也

堂九尺，謂堂廉至地之度也。天子堂九尺而階九等，盡等至堂復為一級，則每等不及一尺也。諸侯堂七尺階七等，大夫堂五尺階五等，士堂三尺階三等。

有以下為貴者：至敬不壇，埽地而祭。

至敬謂祭天也。封土曰壇，除地曰墠，埽地即墠也。祭法曰：燔柴於泰壇，瘞埋於泰折。周禮大司樂：圜鍾為宮，於地上之圜丘奏之；函鍾為宮，於澤中之方丘奏之。蓋天地之祭，燔柴瘞埋及奏樂皆於壇，而行祭禮則在墠也。陳用之謂祭天無兆，非也。祭天之所，中為圜壇，壇下為墠，墠外有壝，壝即兆也。郊特牲言兆於南郊是也。小宗伯但言兆五帝，不言兆上帝地祇，蓋舉其次以明其上。大宰言祀五帝掌誓戒具脩等事而不言上帝，亦此義也。

表四十一

天子諸侯之尊廢禁大夫士棜禁此以下為貴也棜於據反

鄭氏曰廢猶去也棜斯禁也謂之棜者無足有似於棜或因名之耳大夫用斯禁士用棜禁如今方案隋長局足高二寸

孔氏曰天子諸侯之尊廢禁者司尊彝鬱鬯之尊用舟以承之犧象六尊皆不用舟又燕禮諸侯之法瓦大兩有豐是無禁也棜及禁皆長四尺廣二尺四寸深五寸漆赤中畫青雲氣菱苕華為飾棜上有四周下無足似木轝之棜故因名為棜此謂之棜鄉飲酒禮謂之斯禁禁局足高三寸刻其足為褰帷之形謂之禁者因為酒戒也玉藻云大夫側尊用棜士用禁鄉飲酒大夫禮云兩壺斯禁是大夫用斯禁也士冠禮士昏禮承尊皆用禁是士用禁也鄉射是士禮而用斯禁者以禮樂賢從大夫也特牲士禮而云棜禁在東序祭尚厭飫

十七

不為神戒也愚謂鄭註此記云士用棜禁是禁又名棜禁也特牲禮棜禁在東序鄭註云祭尚厭飫故與大夫同是棜禁即棜二註不同疑此註為是盖上之四周者謂之棜棜下之足謂之禁大夫之棜無足故但謂之棜鄉飲酒禮謂之斯禁斯澌也斯禁言其切地無足也士之棜有足故謂之禁又謂之棜禁特牲禮棜禁饌于東序是也

禮有以文為貴者天子龍袞諸侯黼大夫黻士玄衣纁裳袞釋文卷本又作卷同古本反黼音甫黻音弗纁釋文字又作纁同許云反

孔氏曰人君因天之文章以表於德德多則文備故天子龍袞諸侯以下文稍少也上公亦袞侯伯鷩子男毳孤卿希大夫玄士爵弁玄衣纁裳今言諸侯黼大夫黻者熊氏云諸侯九章七章以下其中有黼孤希冕而下其中有黻特舉黼黻

玉了〇八

而言耳詩采菽云元袞及黼是特言黼也終南篇云黻衣繡
裳是特言黻也
天子之冕朱綠藻十有二旒諸侯九上大夫七下大夫五士三此
以文以文為貴也藻釋文作繅別本又作璪亦作藻同子老反
藻雜采也冕以雜采絲繩為旒天子之冕藻五色而云朱綠
藻者謂五采之中有此二色也十有二旒十二章之服之冕
也諸侯九旒謂上公也上大夫七者天子之卿六命加一命
而為侯伯則鷩冕七旒也下大夫五者天子之中下大夫四
命加一命而為子男則毳冕五旒也士三者天子之上士元
冕三旒也〇孔疏以此為夏殷制謂周家冕旒隨命數士但
爵弁無旒非也冕旒隨命數五等諸侯則然爵弁無旒諸侯
之士則然而非可以論天子之卿大夫士也王制三公一命

十八

袞三公八命加一命而服袞冕九旒則三公之不加命者宜服鷩冕矣以此差之則孤卿六命宜服毳冕加一命為侯伯則服鷩冕七旒也大夫四命宜服希冕加一命為子男則服毳冕五旒也大夫希冕則上士元冕宜矣若天子三等之士但服爵弁則自絺冕以下頓降二等非禮之差次也希冕三旒則元冕宜一旒而曰士三者蓋冕必有旒而一旒不可以為飾故進而與希冕同禮窮則同也司服冕之服有六而弁師僅言五冕蓋以冕配服則為六而冕則止有五則絺冕服元冕服同冕可知矣

有以素為貴者至敬無文父黨無容

至敬無文者謂祭天襲大裘而不裼也衣以裼為文以襲為質容謂趨（超）翔為容士相見禮曰庶人見于君不為容進退走

五丁五十の

父黨至親故見之不為趨翔之容也

大圭不琢大羹不和大路素而越席犧尊疏布鼏樿杓此以素為貴也琢讀為瑑丈轉反大羹大音泰和胡卧反越音活犧如字又讀為娑素何反鼏釋文作幎莫歷反樿章善反又市戰反杓市約反○鄭註鼏或作幕

本又作冪又作寫

鄭氏曰大圭長三尺杼上終葵首琢當為篆字之誤也明堂位曰大路殷路也樿白理木也孔氏曰大圭天子朝日月之圭也但杼上終葵首而無琢蒲桓之文尚質之義也大羹肉汁也不和無鹽梅也大古初變腥但煮肉而飲其汁未知調和後人祭既重古但盛肉汁謂之大羹犧尊者先儒云刻尊為犧牛之形鄭云畫尊作鳳羽娑娑然故謂娑尊疏麤也冪覆也以麤布為巾以覆尊也冪人云祭祀以疏布巾冪八尊陸氏佃云凡木不飾為樿樿栁樿杓是也若龍勺疏勺蒲勺

則於勺加飾矣愚謂大路素者謂祭天之大路質素而無金玉之飾也越結也結草為席謂之越席禮運言越席謂祭宗廟之席結蒲莞為之者也此言越席與大路連文謂祭天之席結藁䕸為之者也犧尊阮氏禮圖云畫以牛形周禮先鄭註謂以翡翠為飾尊聶氏禮圖云禮器犧尊在西注云犧周禮作獻又詩頌毛傳說用沙羽以飾尊然則毛鄭獻沙二字讀與娑娑之娑義同皆謂刻鳳凰之象於尊其形娑娑然又詩傳疏說王肅註禮以犧象二尊並全刻牛象之形鑿背為尊今按司尊彝雞彝鳥彝虎彝蜼彝犧尊象尊皆以鳥獸名其罷則其形製當相似雞彝鳥彝虎彝蜼彝先儒皆以為刻而畫之為其象則犧尊象尊亦然阮氏之說是也若如後鄭之說則犧尊與鳥彝無別如先鄭之說則虎彝蜼彝豈亦以

虎雉為飾耶至謂為牛形而鑿其背為尊此雖在古罍或有
之魏時魯郡地中得齊大夫子雅送女罍有尊作犧牛形晉
永嘉中曹嶷於青州發齊景公冢得二尊亦作牛形
然形製詭異置之六彝六尊之列皆不倫未可據以為古天
子諸侯宗廟之所用也疏布所以冪尊以素為貴但據疏布
冪言之因冪而連言尊非以犧尊為素也杓即勺也然杓有
加於尊而用以㪷酒者考工記梓人為飲罍勺一升是也有
加於罍而用以㪷水者少牢禮司宮設罍水於洗東有枓賈
氏士冠禮疏謂勺與枓為一物是也龍勺疏勺㪷酒之勺也
樿杓㪷水之勺也此節惟大路越席為祭天之事若大圭則
朝日所搢大羹則凡祭皆有之犧尊以下則祭宗廟之禮也
疏家見大路乘以祭天遂欲於犧尊樿勺亦以祭天之說通
之又以祭天罍用陶匏不當用犧尊則謂犧尊為夏殷禮用

廿

陶為周禮又以杓為爵謂祭天爵不用玉皆誤也夏殷質於周夏殷祭天用犧尊而周顧用陶耶祭天器用陶匏以匏為爵也何以又用樿耶○周禮冪人祭祀以疏布巾冪八尊以畫布巾冪六彝盖宗廟有鬱鬯之灌而天地無之故言八尊於上者以其為祭天地宗廟之所同也言六彝於下者以其為祭宗廟之所獨也鄭氏解疏布巾謂祭天地尚質解畫布巾謂宗廟可以文果如其言則經文雖簡亦不當止於如此矣禮運言宗廟之禮而曰疏布以冪此又以疏布冪係犧尊言之則疏布冪不專用於祀天亦明矣

孔子曰禮不可不省也禮不同不豐不殺此之謂也盖言稱也殺所戒反又所例反

孔氏曰省察也禮既有諸事所趣不同不察則無由可知不

同謂高下大小文素之異也不豊者應少不可多不殺者應多不可少也馬氏睎孟曰禮歸於稱故豊之而不以為有餘殺之而不以為不足愚謂此引禮運孔子之言以結上文不豊不殺孔氏馬氏之説不同然其義皆通

禮之以多為貴者以其外心者也德發揚句詡萬物大理物博如此則得不以多為貴乎故君子樂其發也詡孔矩反樂五教反又音洛（釋文況）（○樂今）

禮之多大高文者皆多之屬也外心謂發其心於外也詡普也徧也物猶事也天地與聖人之德發揚昭著徧於萬物其理至大其事甚博非備物不足以稱之故君子之於禮樂其發見於外而極夫儀文之盛凡以求稱乎德之盛大而已

禮之以少為貴者以其内心者也德産之致也精微觀天下之物無可以稱其德者如此則得不以少為貴乎是故君子慎其獨也

廿一

禮之少小下素者皆少之屬也內心謂專其心於內也德産猶德性也致極也天地地與聖人德性之極至精深微妙而物無可以稱之故君子之于禮必致慎于幽獨務于在內之致誠而不專事乎外之備物凡以求象夫德之精微而已蓋發揚者德之用天地之大生廣生聖人之位天育物人之所得而見者也精微者德之體天地之於穆不已聖人之至誠無息人所不得而見者也樂其發者由內而推之於外自忠信之本而求盡夫義理之文也慎其獨者由外而約之於內自義理之文而歸極於忠信之本也

古之聖人內之為尊外之為樂少之為貴多之為美是故先王之制禮也不可多也不可寡也唯其稱也釋文樂音洛

孔氏曰內極敬慎而其理可尊外極繁富而其事可樂極心

九十二

於内故外以少爲貴極心於外故外以多爲美方氏慤曰内外以心言多少以物言愚謂大禮必簡故内心可尊而物少之爲貴稱情立文故内心可樂而物多之爲美宜寡而多則失其所爲貴宜多而寡則失其所爲美是以行禮唯其稱也

按内心可樂句當作外心

廿二

禮記二十五卷

八月十九二十日鏘鳴校過

篇目下當有別錄屬祭祀

禮記卷二十五

郊特牲第十一之一

孫希旦集解

此篇多記祭事，而中雜以冠昏兩段，間又及於朝覲燕饗之禮，其語頗與禮器相出入，而篇首言貴誠尚少之義，又似承禮器而發其未盡之義，疑一人所作。

郊特牲而社稷大牢，天子適諸侯，諸侯膳用犢，諸侯適天子，天子賜之禮大牢，貴誠之義也。故天子牲孕弗食也，祭帝弗用也。釋文膳，市戰反。犢音獨。孕，餘證反。

孔氏曰：諸侯適天子，天子賜之禮用大牢，則掌客云殷膳大牢及饔餼飧積之等，皆用大牢也。貴誠之義者，釋郊用特牲天子膳用犢之意。郊之特牲亦犢也，貴其誠慤，未有牝牡之情。愚謂用特牲為貴少，用犢為貴誠。上篇兼言犢而義主於

之當作言

貴少此篇兼之特牲而義主於貴誠○孔氏曰自此以下至降尊以就卑覆説以少爲貴之義愚謂自此至尚腶脩而已矣明貴誠尚少之義降尊就卑則又明貴稱之義也

大路繁纓一就先路三就次路五就繁步干反

此又明貴少之義也

郊血大饗腥三献爓一献孰至敬不饗味而貴氣臭也爓本又作膶夕廉反

此又明貴臭之義也至敬謂郊天也郊天以血爲始血非食味之道但用氣臭歆神而已

諸侯爲賓灌用鬱鬯灌用臭也大饗尚腶脩而已矣

此亦明貴臭之義諸侯朝天子及自相朝廟中行朝享竟以鬱鬯之酒灌賓鬱鬯有芬芳之氣故云用臭大饗謂諸侯來朝而天子享之及諸侯相朝而主國饗賓也腶脩籩實也周

五ㄋ卅二

蓤按周禮文

禮籩人朝事之籩麦蓤芡栗脯大饗雖設太牢之餼先設脯脩
於筵前然後始設餘饌故曰尚腶脩

○大饗君三重席而酢焉三獻之介君專席而酢焉此降尊以就卑
也重直龍反酢才各反釋文

大饗謂諸侯相朝而主君享賓也諸侯之席三重主君獻賓
賓酢主君設三重席而受之賓主禮敵無所降下也三獻之
介諸侯使大夫聘於諸侯主君享賓其禮三獻而以其介為
介也專單也賓與介皆大夫席並再重但享時賓再重介降
於賓故不重主君獻介之時則徹去重席而受酢降主君之
尊以就介之卑所以敬客也○三獻之介謂饗禮也鄭氏言
以介為賓賓為苟敬據燕禮為說而燕禮無賓酢主君之禮
孔疏強以媵觚當之其說皆非是

二

○饗禘饗有樂而食嘗無樂陰陽之義也凡飲養陽氣也凡食養陰氣也故春禘而秋嘗春饗孤子秋食耆老其義一也而食嘗無樂飲養陽氣也故有樂食養陰氣也故無聲凡聲陽也禘音藥食音嗣夏戶嫁反（釋文）

饗謂春饗孤子也禘當作禴字之誤也天子春祭宗廟曰祠諸侯曰禴饗禴在陽時故有樂食謂秋食耆老嘗謂秋祭宗廟也在陰時故無樂飲謂饗禮以飲酒為主也飲養陽氣者以其清虛而從乎陽也食養陰氣者以其重實而從乎陰也養陽氣故用諸春養陰氣故用諸秋耆老死王事者之父祖也孤子死王事者之子也周禮外饗（饔）邦饗耆老孤子則掌其割亨之事酒正饗耆老孤子則共其酒耆老亦有饗則孤子亦有食矣於孤子（耆老）言春饗於孤子言秋食互相備也禘嘗皆所以追慕享食皆所以報功故曰其義一也而或用樂或不

下句孤子當作耆老原寫本亦誤

五百卅五

樂字据周禮文補

用樂盖聲樂是陽其或用或否亦順乎陰陽之義而已○周禮樂師饗食諸侯序其事令奏鍾鼓鍾師凡饗食奏燕樂籥師賓客饗食鼓羽籥之舞是天子食禮有樂公食大夫禮不用樂食嘗無樂盖諸侯之禮異於天子者與魯頌秋而載嘗萬舞洋洋祭統大嘗禘升歌清廟下管象此嘗祭有樂者盖大袷之祭也諸侯大袷之祭因秋嘗行之諸侯秋祭無樂而袷祭在秋則用樂大袷禮盛故也熊氏以食嘗無樂為殷禮非也商頌言鞉致磬管又言顧予丞嘗是殷天子嘗祭有樂矣

○鼎俎奇而籩豆偶陰陽之義也籩豆之實水土之品也不敢用褻味而貴多品所以交於旦明之義也奇居宜反褻息列反旦當作神

鄭氏曰水土之品言非人所常食旦當為神篆字之誤也孔

三

氏曰俎奇者以其盛牲体動物屬陽故其數奇籩豆偶者以其薦有植物植物屬陰故其數偶故云陰陽之義也水土之品者言籩豆之實皆是水土所生之品類非人所常食也不敢用褻美食味而貴衆多品族所以交接神明之義也神道與人異故不敢用人之食味神以多大為功故貴多品脀俎奇者案聘禮牛一羊二豕三魚四腊五腸胃六膚七鮮魚八鮮腊九也是脀九其數奇也又有陪脀膷一也臐二也膮三也亦其數奇也正脀九脀别一俎俎亦九也又少牢陳五脀羊一豕二膚三魚四腊五其腸胃從羊五脀五俎又肵俎一非正俎也特牲三脀牲脀一魚脀二腊脀三亦有三俎肵俎一非正俎不在數是皆脀俎奇也有司徹陳六俎者尸及侑主人主婦各一俎其餘二俎者是益肉之俎此云脀俎九

[illegible]五十二

醢人原寫本有

者謂一處並陳也又籩豆偶者案掌客云上公豆四十侯伯三十二子男二十四又禮器云天子之豆二十有六諸公十有六諸侯十有二上大夫八下大夫六案禮籩與豆同是籩豆偶也愚謂特牲禮三鼎少牢禮五鼎以此差之則諸侯祭禮七鼎天子祭禮九鼎也俎之數各如其鼎是鼎俎皆奇也籩人朝事之籩及加籩皆八羞籩二醢人朝事饋食之豆及加豆皆八羞豆二惟饋食之籩止五物盖亦當有八而脫其三耳特牲二豆二籩少牢四豆四籩以此差之諸侯朝事饋食酳尸皆六籩六豆也是籩豆皆偶也○此章言祭祀之禮孔氏所引掌客上公四十豆之属乃致饔餼之法禮器天子二十六豆之属則朔食及禮食之法不可通之於祭且其禮皆有豆而無籩而又云籩與豆同尤為非是盖豆飲食皆用之籩

四

則惟用於飲耳○凡用特牲者三鼎用少牢者五鼎用大牢者七鼎九鼎三鼎之實見於特牲禮五鼎之實見於少牢禮七鼎之實見於公食禮就五鼎而加以牛與腸胃也九鼎之實見於聘禮致饔餼就七鼎而加以鮮魚鮮腊也左傳云惟君用鮮則諸侯祭用鮮魚鮮腊矣天子祭九鼎則諸侯宜七鼎有鮮魚鮮腊而止為七鼎則膚與腸胃不別鼎與又士喪禮遣奠用少牢五鼎曲禮凡祭大夫以索牛是大夫殷祭用少牢有七鼎士殷祭當用少牢有五鼎也然則諸侯大祫亦當為九鼎矣○籩人饋食之籩棗栗桃乾橑榛實為五物鄭氏云乾橑乾梅也賈疏謂棗桃梅皆有乾有濕為八然三物之濕者四時不常有又籩人加籩之實以四物為八籩而重言之不應饋食之籩立文簡異如此少牢不儐尸禮主婦亞獻

設四籩棗糗栗脯敎君善謂籩人棗下脱糗栗下脱脯是也
然如其言尚止七籩曲禮婦人之摯脯脩棗栗榛椇此皆籩
實而椇獨不見於籩人疑亦在饋食八籩之内而脱之耳
賔入大門而奏肆夏示易以敬也卒爵而樂闋孔子屢歎之奠酬
而工升歌發德也歌者在上匏竹在下貴人聲也樂由陽来者也
禮由陰作者也陰陽和而萬物得易以豉反闋苦穴反屢釋文作婁力住反匏步交反
此言諸侯朝天子而天子享之之禮也享禮在廟大門廟門
也奏謂以鐘鼓奏之也肆夏詩篇名九夏之首也説見王藻易和
悦也闋止也卒爵而樂闋者王獻賔賔飲卒爵賔又酢王王
飲卒爵而樂乃闋也燕禮若以樂納賔則賔及庭奏肆夏賔拜
酒主人荅拜而樂闋此入門即奏肆夏卒爵乃樂闋者大享
禮與燕異也左傳晉享叔孫穆叔金奏肆夏之三穆叔謂三

五

夏天子所以享元侯是享元侯奏肆夏昭夏納夏而享燕卿大夫止用肆夏也惟止用肆夏故其始終之節短惟燕奏三夏故其始終之節長孔子屢歎之者歎其禮樂之盛仲尼燕居孔子曰吾語女禮大享有四焉即其事也奠酬王酬賓賓受爵而奠之薦東也工升歌者升堂上而歌清廟之詩也發德者清廟之詩所以發明文王之德也匏笙也竹管也凡樂升歌之後緫以笙管燕禮下管新宮笙入三成是也王享元侯則下管象下堂下也堂上之樂獨言歌以歌為主也堂下之樂獨言匏竹以匏竹為主也貴人聲者聲之出於人者精寓於物者粗也樂由天作故屬乎陽禮由地制故屬乎陰陰陽和則萬物得禮樂和則萬事順此因大饗禮樂之盛又言禮樂之所由作與其感化之效也○王饗賓客其初亦有二

據原本添改

五夕廿一

灌此言卒爵謂卒鬱鬯之爵也內宰凡賓客之祼献瑶爵皆
贊大宗伯大賓客則攝而載祼小宗伯祭祀賓客以時將瓚
祼肆師大賓客贊祼將鬱人凡祭祀賓客之祼事和鬱鬯以
實彝而陳之所謂賓客之祼皆大饗之禮也而朝享之後王
所以禮賓者亦存焉鄭氏專以禮賓言之盖疑饗賓無灌耳
然內宰以祼献瑶爵連言其為一時之事明矣大饗之禮后
有助王薦献之法若朝時禮賓非后所與也則大饗之有灌
無疑灌用圭瓚而圭瓚重大不可以飲故注之於爵而飲之
顧命行灌禮有同同即爵也又左傳秦后子享晉侯自雍及
絳歸取酬幣終事八反杜氏云備九献之儀始禮自齎其一
故續送其八酬酒幣據此則饗賓之禮每献皆有酢有酬矣
此云奠酬謂王初献賓酢王王酬自飲又酬賓之受爵而奠

六

之也若祭祀灌獻尸飲畢亦酢王但無酬耳

旅幣無方所以别土地之宜而節遠邇之期也龜爲前列先知也以鐘次之以和居參之也虎豹之皮示服猛也束帛加璧往德也

别彼列反

此謂諸侯所以享王者也旅衆也旅幣謂三享之庭實也無方言非一方之物也别土地之宜若禹貢兖州貢漆絲青州貢鹽絺之屬是也節遠邇之期若周禮大行人侯服歲壹見而貢祀物甸服二歲壹見而貢嬪物是也覲禮有三享龜也鐘也次享三享所用之庭實也龜爲前列先知者以龜能前知故列之最先也鐘貢金以供王鑄鐘之用也次之次於龜也以和居參之者前有龜後有丹漆絲纊竹箭之屬取鐘聲之和參居於前後之閒也虎豹之皮初享所用之庭實也覲

ある本

禮初享九馬卓上盖有馬者用馬無馬則用虎豹之皮聘禮云皮馬相間可也是也示服猛者虎豹威猛之物用為庭實表示天子之德能服四方之威猛者也束帛加璧往德者君子於玉比德故升之堂上以明諸侯歸往於天子之德也上節言天子享来朝諸侯之禮此節言諸侯貢享之物與禮罷大饗王事一章語意相似但所言各有詳畧耳

庭燎之百由齊桓公始也　燎力妙反（釋文）徐力弔反

鄭氏曰僭天子也孔氏曰庭中設燭以照燎来朝之臣夜入者因謂火為庭燎禮天子百燎上公五十侯伯子男三十見大戴禮齊桓僭用後世襲之是失禮從桓公始也

大夫之奏肆夏也由趙文子始也

天子諸侯饗燕賓客奏肆夏之樂以納賓上章言賓入門奏

七

肆夏燕禮賓及庭奏肆夏是也鄉飲酒大夫禮納賓無樂趙文子始奏肆夏僭人君也○孔氏謂文子奏肆夏僭諸侯納賓樂是也又謂登歌下管正樂則天子用三夏以享元侯元侯相饗亦用之非也左傳晉享叔孫穆叔金奏肆夏之三此納賓之樂也工歌文王之三此升歌之樂也工歌鹿鳴之三此間歌之樂也燕禮賓及庭奏肆夏穆叔不敢當肆夏之三則是納賓奏肆夏之一者燕禮卿大夫之禮奏肆夏之三者燕饗諸侯之禮也燕饗卿大夫納賓宜奏肆夏之一升歌宜用鹿鳴之三間歌宜用魚麗南有嘉魚南山有臺而晉皆進而用之此所以見譏於穆叔也天子饗諸侯及諸侯自相饗皆升歌清廟下管象上賓入門章及仲尼燕居所言是也若九夏惟用於金奏未有用之升歌下管者

五ヨ廿二

○朝覲大夫之私覿非禮也大夫執圭而使所以申信也不敢私覿所以致敬也而庭實私覿何為乎諸侯之庭為人臣者無外交不敢貳君也覿大力反使色吏反

朝覲謂諸侯相朝也大夫之私覿謂大夫從君朝覲而行私覿之禮於主國之君也大夫執圭出聘得行私覿所以申己之誠信也從君而行不敢私覿所以致敬於己君也庭實私覿私覿者必陳庭實之物也何為乎者深怪之之辭貳君謂貳心於他君也○聘禮賓介皆得私覿諸侯相朝則為介者不敢私覿所以降於從卿為介之禮以明禮之專主於君而已不敢參焉耳聘賓卑故介禮得伸朝君尊故介禮從屈今今乃謂不敢貳君非禮意矣周禮掌客諸侯相朝主國之卿皆得以贄見于朝君曷嘗以貳君為嫌乎

八

（按注補）

大夫而饗君，非禮也。大夫強而君殺之，義也。由三桓始也。天子無客禮，莫敢為主焉。君適其臣，升自阼階，不敢有其室也。（釋文升自阼才路反本又作升自阼階）

鄭氏曰：大夫饗君，由富且強也。三桓，魯桓公之子，莊公之弟公子慶父、公子牙、公子友。慶父（與牙）通於夫人以脅君，季友以君命鴆牙，後慶父弒二君，又死也。孔氏曰：大夫富強，專制於君，名君而饗之，非禮也。大夫強盛，則干亂國紀，而君能殺之，是銷絕惡原，得其宜也。三桓之前，齊公孫無知、衛州吁、宋南宮長萬皆以強盛被殺，此云由三桓始者，據魯而言。愚謂天子可以祭天，則臣可以饗君，然當就君所而設饗禮，猶天子祭天於南郊，就陽位也。故左傳鄭伯饗王於闕西辟。若名君至已家而饗之，則亢矣。故又言天子無客禮，臣不敢有其室，以明饗君之非禮也。

覲禮天子不下堂而見諸侯下堂而見諸侯天子之失禮也由夷王以下

鄭氏曰不下堂而見諸侯正君臣也夷王周康王之元孫之子也時微弱不敢自尊於諸侯孔氏曰案覲禮天子負斧扆南面侯氏執玉入是不下堂見諸侯也若春朝夏宗則以客禮待諸侯以車出迎熊氏云春夏受三饗之時乃有迎法義或然也賈氏公彥曰春夏受贄於朝無迎法受享則有之秋冬一受之於廟受贄受享並無迎法故云覲禮不下堂而見諸侯

諸侯之宮縣而祭以白牡擊玉磬朱干設鍚冕而舞大武乘大路諸侯之僭禮也縣音懸鍚音陽

天子宮縣謂四面縣樂若宮室然諸侯軒縣惟東西北三面

而已白牡殷牡也宋得用之其餘諸侯但用時王之牲耳玉磬書所謂鳴球天子之樂器也干盾也錫當作揚鉞也朱干設錫即明堂所謂朱干玉戚也廣雅云揚戚斧也是揚戚皆斧之别名故戚亦謂之揚天子祭宗廟舞大武則王親在舞位執朱干玉斧以象武王必執朱干玉戚者武王伐紂初執朱干以待諸侯後執黄鉞以臨六師故大武之舞象之冕而舞者因祭時之服也諸侯雖得舞大武然其所象者特周名大公以下而不得執干戚以象武王也大路天子祭天之車也

臺門而旅樹反坫繡黼丹朱中衣大夫之僭禮也（釋文）坫丁念反繡鄭讀為綃今如字（依注作綃○按繡）

鄭氏曰此皆諸侯之禮也旅道也屏謂之樹禮天子外屏諸侯内屏大夫以簾士以帷踈云禮緯文反坫反爵之坫也蓋在尊

賓當依疏作酌

五百五十一

南孔氏曰旅樹謂當門道立屏蔽内外為敬也坫以土為之兩君相見尊南為坫獻酬飲畢反此虚爵於坫上於西階上拜主人阼階上答拜賓於坫取爵洗爵賓以酢主人主人受爵飲畢反此虚爵於坫上（則反爵於坫上鄭氏云主君獻賓賓筵前受爵飲畢則）主人阼階上拜賓答拜是賓主飲畢皆反爵於坫上也愚謂鄉飲酒禮賓卒爵于西階上奠爵拜主人卒爵於阼階上奠爵拜兩君相饗則其卒爵不奠於地而反於坫上坫之設蓋即于鄉飲酒禮奠爵之所東西各一而賓主各于其所奠之也中衣衣在上服之中者黼脊文也黼繡丹朱中衣謂以丹朱為中衣之領緣又於其上繡為黼文也虞書十二章黼用繡鄭氏破繡為綃非矣人君之中衣丹朱緣喪自小祥以後縓緣則大夫士中衣之飾蓋自縓以上丹朱以下也其大夫以纁士以赬與論語云君子不以

東當作西據燕禮文改上孔疏引正作西

紺緅飾邢疏謂紺爲元色朱四入緅五入元六入此三者皆不可爲飾則大夫士之飾舍再染之赬三染之纁別無可用也○孔氏曰鄉飲酒是鄉大夫之禮尊于房戶間燕禮是燕己之臣子尊于東楹之西若兩君相見則尊于兩楹間故其坫在兩楹間愚謂凡設尊之法必有所倚說見禮運兩楹之間非設尊之所也燕禮尊于東楹東爲君燕其臣之尊鄉飲酒尊于房戶間爲賓主敵体之尊是凡賓主体敵者其設尊皆當如鄉飲酒之法矣特牲少牢禮尊于房戶間而禮運云醴醆在戶是人君祭祀醴齊盎齊之尊與大夫士設尊同處安見饗安見饗賓設尊之處必異於大夫士也但兩君相饗其尊非一大饗有灌則有盛鬱鬯之彝左傳王享醴命之宥王饗諸侯有醴兩君相饗亦當有之則有齊酒之尊故左傳云犧

蓋字原本有

衣誤元原寫本亦誤

象不出門是也禮器云夫人薦酒諸侯祭祀獻尸兼有三酒則兩君相饗亦有三酒則又有盛酒之尊禮運云元酒在室醴醆在戶粢醍在堂大饗之尊其亦鬱鬯在室齊在戶酒在堂與蓋坫設於兩階之上尊皆在其北故明堂位言反坫出尊言坫出於尊之南也○中衣衣於上服之內以裼裘葛者也元綃元衣以裼狐青裘祭服之中衣也素衣以裼麛裘皮弁服之中衣也緇衣以裼羔裘朝服之中衣也孔疏以詩言素衣朱襮為冕及爵弁服之中衣非也

故天子微諸侯僭大夫强諸侯脅於此相貴以等相覿以貨相賂以利而天下之禮亂矣

鄭氏曰言僭所由方氏慤曰微故見脅强故敢僭四者之言亦互相明爾相貴以等則爵不足以馭其貴相覿以貨則祿

據原本補

不足以馭其富相賂以利則予不足以馭其幸大宰八柄詔王馭羣臣以此三者爲先三者失天下之禮由是亂矣愚謂脅謂被劫脅等貴賤之等列也○此以結上七節之意而起下節也

諸侯不敢祖天子大夫不敢祖諸侯而公廟之設於私家非禮也由三桓始也

鄭氏曰仲孫叔孫季孫氏皆立桓公廟魯以周公之故立文王廟三家見而僭焉愚謂諸侯不祖天子大夫不祖諸侯不敢以卑祭尊也支子不祭大夫士且然況天子諸侯乎左傳魯爲諸姬臨於周廟爲邢凡蔣茅胙祭臨於周公之廟周廟文王之廟也魯以周公爲大祖文王之廟蓋別立之而不在五廟之數者魯立周廟則諸侯祖天子矣三家立桓公廟則

大夫祖諸侯矣至其極也遂以魯之所以祭文王者祭桓公
而歌雍舞佾無所不僭矣
○天子存二代之後猶尊賢也尊賢不過二代 鄭注二或為三 釋文過古卧反○
存二代之後謂周存夏殷之後使得用天子之禮樂以祭其
先世所謂脩其禮物作賓王家也猶尊賢言猶尊敬其先世
之賢也尊賢不過二代以己之制禮所視以為因革損益之
宜者不過此也○黄帝堯舜之後謂之三恪左傳言封胡公
於陳以備三恪是也夏殷之後謂之二代此言存二代之後
是也樂記武王克殷未及下車而封黄帝之後於薊帝堯之
後於祝帝舜之後於陳所謂三恪也下車而封夏后氏之後
於杞投殷之後於宋所謂二代也杞宋皆郊而黄帝堯舜之
後未聞有此則三恪之禮殺於二代矣鄭氏駮許叔重五經
十二

異義云存二代之後者命之郊天以天子之禮祭其始祖受
命之王自行其正朔服色恪者敬也敬其先世而封其後與
諸侯無殊異何得比夏殷之後杜預以陳及杞宋為三恪非
是

○諸侯不臣寓公故古者寓公不繼世 鄭注寓或為託

寓公謂諸侯失國而寄寓於諸侯者也寓公嘗為諸侯故諸
侯不敢臣之至其子則臣之矣故寓公不繼世

○君之南鄉答陽之義也臣之北面答君也 釋文鄉許亮反

此謂視朝臣朝君之位也答對也臣在朝不皆北面北面答
君據其尊者言之天子日視朝之位三公北面諸侯則三卿
也朝位之說詳文王世子

○大夫之臣不稽首非尊家臣以辟君也 釋文辟音避

孔氏曰諸侯於天子稽首大夫於諸侯稽首皆盡臣禮以事君家臣於大夫不稽首非尊敬此家臣以辟國之正君也臣於國君已稽首今大夫之臣又稽首於大夫便是一國兩君故曰以辟君也大夫稽首於諸侯不辟天子者以諸侯出封畿外專有其國故大夫得盡臣禮事之也

○大夫有獻弗親君有賜不面拜為君之答己也

大夫有獻弗親使宰獻之也君有賜不面拜謂君使人賜大夫於家大夫既拜受明日又往拜君賜拜于門外而退也大夫尊若親獻面拜則君當荅之重勞君也王藻曰凡獻於君大夫使宰又曰大夫拜賜而退是也鄭氏曰不面拜者於外告小臣小臣受以入也小臣掌三公及孤卿之復逆

○鄉人禓孔子朝服立于阼存室神也禓音傷鄭註禓或為獻或為儺

鄭氏曰裼强鬼也謂時儺索室驅疫逐强鬼也存室神者神依人也孔氏曰驅逐强鬼恐廟神驚恐故著朝服立於廟之阼階存安廟室之神使依已而安也大夫朝服以祭故用祭服以安室神愚謂朝服立于阼儺禮蓋朝服與蜡祭皮弁服儺之禮卑於蜡則朝服宜也

孔子曰射之用樂也何以聽何以射射

鄭氏曰多其射容與樂節相應也孔氏曰何以聽者言何以能聽此樂節使與射容相應何以射者言何以能使射與樂節相應善其兩事相應云何以言其難也

孔子曰士使之射不能則辭以疾縣弧之義也縣音懸弧音胡

釋文

男子生則懸弧於門左射者男子之所有事也故君使士射不能則託疾以辭因有縣弧之義不可自言其不能射故也

壽五十七

孔子曰三日齊一日用之猶恐不敬二日伐鼓何居齊側皆反居音姬

釋文本文作齋

散齊七日致齊三日散齊則不樂矣獨譏三日齊二日伐鼓者致齊伐鼓尤為失禮之甚也齊所以專致其精明之德而樂足以感動性情鼓鼙之聲讙尤非他樂之比三日齊而二日伐鼓則情意放散而不成其為齊矣何居怪之也

孔子曰繹之於庫門內祊之於東方朝市之於西方失之矣祊百彭反

釋文繹音亦

繹者祭而又祭之名絲衣詩序曰繹賓尸也大夫正祭畢而賓尸天子諸侯祭之明日又祭亦祭畢而賓尸而大名曰繹也庫門諸侯之外門也繹之於庫門內謂於庫門之內塾也絲衣之詩曰自堂徂基毛傳曰基門塾之基也大夫賓尸於堂天子諸侯繹祭就廟門內之西塾而祭於其室賓尸於其堂今魯人乃於庫門之內塾則非禮矣祊正祭時求神於廟門外

按原本補

十四

設祭于堂禮器文此作儐誤

待賓之處詩楚茨所謂祝祭于祊也東方者廟門外而東於門之處也魯人以主人待賓客其位在門東故求神於此不知鬼神之位在西求神當於廟門外之西方不當於東方也市有三時朝時而集者謂之朝市於東方謂於其處列次而陳貨也朝市宜在東方夕市宜在西方順其時之陰陽也。

鄭氏曰祊在廟門外西室繹又於其堂二者同時而大名曰繹者愚謂祊者正祭日求神于廟門外之名繹者祭之次日又祭之名二祭又不同日詩祝祭于祊禮器設饌于堂為祊乎外郊特牲祊之於東方又直祭祝于主索祭祝于祊祭統詔祝於室而出乎祊皆謂正祭求神之事也鄭氏箋詩及註郊特牲索祭祝于祊謂為正祭餘則皆以為繹祭蓋因此章以繹與祊對言遂誤合為一事也且祊之於東方謂門外庭

五百十五

之東方耳燕禮士西方北面東上士喪禮朝夕哭門外之位西方北面東上門内之庭其遠於堂者謂之東方西方門外之庭其遠於門者亦謂之東方西方皆不指堂室而言祊不當於東方則當於西方鄭謂祊於誤矣

○社祭土而主陰氣也君南鄉於北墉下答陰之義也日用甲用日之始也　墉釋文作庸音容

山林川澤丘陵墳衍原隰謂之五土社者祭五土之總神也地東陰故社之祭主於陰氣也墉墻也君南鄉於北墉下者社壝北面開門其主設於壇上北面君在壝内北墉下南鄉祭之也答對也社主北面向陰君南鄉對之故曰答陰之義國中之神莫貴乎社祭用日之始所以尊之也社一歲再祭大司馬春蒐田獻禽以祭社是春祭也秋獮田致禽以祀方

圭

是秋祭也蓋二至者陰陽之極二分者陰陽之中天神上帝至尊而日月次之故南郊以冬至而祀日月以春分秋分地示皇地祇至尊而社稷次之故北郊以夏至而祭社稷以仲春仲秋也孔氏據月令孟冬割祠于公社謂社一歲三祭不知月令乃秦法非周禮也○孔氏曰鄭康成之說以為社祭五土總神稷為原隰之神句龍以有平水土之功配社祀之稷有播種之功配稷祀之白虎通云天子之社壇方五丈諸侯半之說者又云天子之社封五色土為之若諸侯受封各割其方色與之上皆以黃土也條牒論稷壇在社壇西俱北向營並壇共門其所置之處小宗伯云左宗廟右社稷鄭云庫門內雉門外之左右按天子社稷在應門內諸侯在雉門內說詳祭義

土按疏補

五百五十八

天子大社必受霜露風雨以達天地之氣也是故喪國之社屋之不受天陽也薄社北牖使陰明也(大音太喪息浪反薄本又作亳步各反牖音酉)

天子之社曰大社尊之之辭也達通也天秉陽而霜露風雨天之用也地秉陰而山川陵隰地之体也故大社不為屋使天之陽氣下通於地以成生物之功也喪國之社即亳社也薄亳通殷之舊都也武王滅殷班其社於諸侯使各立之以為鑑戒故穀梁傳云亡國之社以為廟屏戒謂立之於廟門之外以為屏蔽使人君見之而知戒懼也薄社屋其上使不得受風雨霜露之陽氣也又塞其三面惟開北牖使其陰方偏明所以通其陰而絕其陽也陽主生而陰主殺亡國之社如此以其無事乎生物而但用以示誡也孔氏曰亡國之社亦有稷故士師云若祭勝國之社稷則為之尸

按周礼文當有之字

十六

社所以神地之道也地載萬物天垂象取財於地取法於天是以尊天而親地也故教民美報焉家主中霤而國主社示本也

孔氏曰社所以神地之道者言立社之祭是神明於地之道也地載萬物者釋地所以得神之由也天垂象者欲明地之貴故引天為對也地有其物上天皆垂其象所謂在天成象在地成形也取財於地者財產並從地出為人所取也取法於天者四時早晚皆放日月星辰以為耕作之候也所取法故尊而祭之天子祭天是也所取財故親而祭之一切皆祭社是也地既為民所親故與庶民祭之以教民美報也中霤謂土神卿大夫之家主祭土神於中霤天子諸侯之國主祭土神於社以土神生財養人故皆祭之示其養生之本也愚謂中霤者宮內之土神也一家之中以為主社者境內之土

五千卅文

神也一國之中以爲主主謂家國之所依以主也

唯爲社事單出里唯爲社田國人畢作唯社丘乘供粢盛所以報

本反始也[釋文]乘時證反共音供粢音資鄭注乘或爲鄰

此謂州長祭社之事也單盡也惟爲祭社之事則一里之人

盡出謂每家出一人也爲社田謂爲祭社而田獵也畢盡也

畢作竭作也謂羨卒皆行小司徒凡起徒役毋過家一人以

其餘爲羨惟田與追胥竭作九夫爲井四井爲邑四邑爲丘

四丘爲乘粢稷也稷曰明粢在簠爲盛報本者報其養人之

本反始者反其生物之始祭社所以報本反始故民無不咸

出其力以供其事也皇氏侃曰天子諸侯祭社用籍田之穀

大夫以下無籍田則丘乘之民共之

季春出火爲焚也然後簡其車賦而歷其卒伍而君親誓社以習

十文

軍旅軍旅左之右之坐之起之以觀其習變也而流示之禽而盬諸利以觀其不犯命也求服其志不貪其得故以戰則克以祭則受福。卒祖忽反盬讀為豔鄭註社或為首

大司馬春蒐火弊獻禽以祭社故此因言祭社而遂及春田之事也出火出而用之也焚將田而先焚除其草萊也簡歷謂筭具陳列之也車賦車馬器械之屬也百人為卒五人為伍誓社謂於社田而誓之也以習軍旅者謂未田之先教之以戰陳之法大司馬仲春教振旅是也凡四時之田誓皆有二一為教陳之誓一為田獵之誓田獵司徒誓之教陳則君親誓之蓋教陳以象用師用師必君親誓師故教陳亦然左之右之謂車徒皆左右陳列之也坐之作之謂教以坐作進退之法也變非常也觀其習變者戰陳乃非常之事於無事

全載上疑有祭字

之時教之觀其預習於非常之事也此三句言教陳之事也流行也流示之禽者將田而設驅逆之車驅禽以示之也蓋讀爲豔歆動之意凡田大獸公之小獸私之歆動之以獲禽之利也犯命謂從禽不如法者不犯命若漢田律所謂無干車無自後射是也豔諸利而能不犯命斯真能用命矣求服其志者求士卒之用命不貪其得者不欲其犯命而獲禽也此五句言田獵之事也士皆可用故以戰則克田獵得禮故祭社則受福鄭氏曰祭社是仲春之禮仲春以火田田止火弊然後獻禽至季春火出而民乃用火今云季春火出乃誓社記者誤也○經典多以郊社對言胡氏謂社即祭地別無北郊之祭其說似是而實非也蓋天無二者也地則疆域廣狹各有不同北郊所祭全載之地祇也天子之社祭畿內之

十六

一州之地下當有祇字

日至據大司樂文

地祇也。諸侯之社祭一國之地祇也，州社祭一州之地也，大夫以下成羣立社，亦各視其所居之地以為神之所主而祭之者也。天子祭天一歲有九，又有大旅之祭，出征巡守之祭，所祭者皆上帝也。地則惟夏至祭方澤，其尊與上帝對。至於春祈秋報及因事告祭，皆祭社，蓋畿外之地分封諸侯，使各主其五土之祭，則天子之祈報告祭自無庸祭及全載之地矣。經典言郊祀多舉南郊以見北郊，而北郊自夏至外又別無他祭，故無明文可見，致滋後人之惑。然大示之祭見於周禮者非一，大司樂凡樂函鍾為宮，夏至日於澤中之方丘奏之，曲禮天子祭天地，諸侯祭山川，郊特牲祭用陶匏以象天地之性也，祭法瘞埋於泰折，祭地也。可謂社即祭地乎？即胡氏不信周禮，然禮記所言豈皆妄耶？若鄭氏注周禮謂有崑

五百〇三

崙地祇又有神州地祇此則與六天之說同於讖緯無稽之
言所當辭而闢之者也〇自社祭土至此明祭社之禮

〇天子適四方先柴

巡守至方嶽之下先燔柴以告天也

郊之祭也迎長日之至也大報天而主日也

逈長日之至謂冬至祭天也冬至一陽生而日始長故逈而
祭之禮之盛者謂之大祭天歲有九而冬至之禮最盛故謂
之大報天縣象著明莫大乎日月故祭天之禮以日為主而
月配焉張子曰以始祖配天須在冬至一陽始生萬物之始
宗社九月萬物之成〇孔氏曰皇氏云天歲有八祭冬至一
也夏正二也五時逈氣五也通前為七也九月大饗八也雩
與郊禖為祈祭不入數崔氏以雩為常九也祭日王立于丘

十九

宗社當作宗祀按此說一作朱子

國字衍

之東南西嚮燔柴及牲玉於丘上升壇以降其神祭天無祼故鄭注小宰云唯人道宗廟國有祼天地大神至尊不祼莫稱焉然則祭天惟七獻也鄭註周禮云大事于大廟備五齊三酒則圜丘之祭與宗廟祫同愚謂天子祭宗廟十二獻祭天無灌則九獻也祭天所以不灌者以其以燔柴降神也蓋天神之燔柴地示之瘞埋宗廟之灌將皆所以降神也天神在上非燔柴不是以達之地示在下非瘞埋不是以達之人鬼在天地之間鬱鬯芬芳其氣從乎陽而上升其質達乎陰而下潤故灌用鬱鬯所以求諸上下之交也此三者之禮之所以不同也

兆於南郊就陽位也掃地而祭於其質也器用陶匏以象天地之性也於郊故謂之郊牲用騂尚赤也用犢貴誠也騂息營反

木當作本

原本作待

兆謂壇之營域也掃地而祭者燔柴在壇而設祭於墠也陶
瓦罌也罌用陶匏以陶為尊簋之屬以匏為爵也天地之性
木無可象但以質素之物於冲穆無為之意為稍近故用之
以祭禮罌言天下之物無可以稱其德是也此主言郊天而
兼言地則北郊之禮亦然也用赤用騂牲也牧人凡陽祀用
騂牲陰祀用黝牲○祭天牲用騂犢此與祭法所言是也玉
用四圭有邸典瑞所言是也大宗伯以蒼璧禮天以黃琮禮
地以青圭禮東方以赤璋禮南方以白琥禮西方以元璜禮
北方皆有牲幣各放其方之色此謂大朝覲之時所以禮方
明者非祀天之禮也方明非正祭嫌不用牲幣故曰皆有牲
幣若言祀天之正禮則其有牲幣豈（待）特言乎鄭氏誤分郊丘
為二祭孔氏因謂大宗伯所言者為圜丘所用之牲玉此與

二十

玉人所言者為南郊所用之牲玉誤矣

郊之用辛也周之始郊日以至

郊之用辛謂正月上辛祈穀之祭也始郊日以至謂冬至之祭也曰始郊者對祈穀又郊言之也於始郊特言周者上辛祈穀之郊魯亦行之冬至之郊則惟周有之而魯未嘗行也○郊即圜丘也王肅謂以其地言謂之郊以所祭言謂之圜丘是也祭之於冬至者大報天之正祭也祭之於孟春者祈穀之祭也其所祭則皆昊天上帝也鄭氏見祭法禘嚳在郊稷之上謂郊既祭天而禘在郊上又大於郊遂分郊丘為二祭謂禘者冬至祭天皇大帝於圜丘而以嚳配郊者祭感生帝於南郊而以稷配不知禘乃宗廟之大祭非祭天之名但郊以稷配而禘追及於嚳以尊卑言之則郊之祭天為尊以

五句舊文

遠近言之則禘之及嚳為遠此祭法之所以先言禘嚳而後言郊稷也且鄭氏既分禘郊為二至小記與大傳言王者禘其祖之所自出則又以為南郊之祭是自亂其說也蓋郊以祭天禘以祭祖必不可合也而鄭合之小記大傳之禘即祭法之禘冬至所祭之天即孟春所祭之天必不可分也而鄭分之其汨亂經典甚矣

卜郊受命于祖廟作龜于禰宮尊祖親考之義也

卜郊卜日也周禮大宰祀五帝帥執事而卜日祀大神示亦如之大宗伯祀大神享大鬼祭大示帥執事而卜日祀大神祭天也祭大示祭地也祀五帝迎氣之祭也此皆有定日而猶卜之者審慎之意也以魯禮卜郊推之則周之祈穀或亦有用中辛下者矣其冬至祭天固以至之日為主其不從則

廿一

或移用其前後之一日與祖廟始祖之廟受命于祖廟者郊天以稷配故将卜而先告之也作灼也周禮卜師凡卜事眡高揚火以作龜致其墨作龜於禰宮就禰廟而卜之也受命于祖尊祖之義作龜于禰親考之義

卜之日王立于澤親聽誓命受教諫之義也

澤辟廱也辟廱環水故謂之澤詩振鷺于飛在彼西雝毛傳云雝澤也是也誓命謂戒王以失禮之譴也郊天至重故王亦受誓戒周禮大宰職祀五帝則掌百官之誓戒前期十日帥執事而卜日遂戒不言戒王者尊王不敢言戒其實亦并戒王矣受教諫之義者釋所以聽誓命于澤之意也大學者王受教之所所謂詔于天子無北面者誓王有教諫之義此其所以不於朝廟而於澤也

王之外門上當有愚謂字

獻命庫門之内戒百官也大廟之命戒百姓也鄭註庫或爲廐

鄭氏曰王自澤宮而還以誓命重相申敕也大廟祖也百官公卿以下也百姓王之親也入廟戒親親也王自此還齊路寢之室孔氏曰王親誓之百姓者皇氏云姓者生也並是王之先祖所生王之外門曰皐門諸侯之外曰庫門云獻命庫門之内者據魯之郊禮言之也大司寇禋祀五帝則戒之日涖誓百官戒于百族則郊之誓戒亦大宰誓之而司寇涖之矣百族即百姓也戒百官於庫門内戒百姓於大廟皆不於朝者郊之誓戒出於大宰辟王所出命之處也

祭之日王皮弁以聽祭報示民嚴上也

鄭氏曰報白也夙興朝服以待白祭事者乃後服祭服而行事也周禮祭之日小宗伯逆粢省鑊告時于王告備于王孔

廿二

鄉郊當作祭郊，據孔疏文。按毛本作鄉，此據文本也。

氏曰：皮弁以聽祭報，未郊，故未服大裘而服日視朝之服也。

示民嚴上。示民以尊嚴君上之意也。愚謂嚴，敬也。天子敬於事天，則民化之而敬其君上矣，故曰示民嚴上。

喪者不哭，不敢凶服，汜埽反道，鄉為田燭，弗命而民聽上。

釋文：汜，芳劒反，本亦作汎。埽，素報反。

鄭氏曰：謂郊道之民為之也。反道，剗令新土在上也。田燭，田首為燭。弗命而民聽上，化王嚴上也。孔氏曰：郊祭之旦，喪者不哭，又不敢凶服而出，以干王之吉祭也。汜埽，廣埽也。反道，剗路上之土，反之令新土在上也。郊道之民各當界廣埽新土也。鄉謂郊內六鄉也。六鄉之民各於田首設燭照路，恐王鄉郊之早也。弗命而民聽上者，合結喪者不哭以下，並非王命而民化王嚴上故也。周禮蜡氏：凡國之大祭祀，令州里除不蠲，禁刑者、任人及凶服者，以及郊野。而此云不命者，蜡氏

所云有司常事及郊祭之時王不特命故云不命
祭之日王被袞以象天戴冕璪十有二旒則天數也乘素車貴其
質也旂十有二旒龍章而設日月以象天也天垂象聖人則之郊
所以明天道也被皮義反袞本又作卷同古本反戴冕釋文作載同丁代反璪音早
被袞謂內服大裘而被十二章之衣於其上也在天威成象
莫大於日月十二章之衣有日月星辰之章故曰象天日月
星辰之衣不別為之名而但謂之袞袞者蓋以龍之象為最
顯著而華盛故特以名其服猶大常有龍章日月而或亦但
謂之旂也璪者用五采絲為繩垂之以為冕之旒也則天數
者天之大數十二故王之服章及冕之旒旂之旒皆取數於
是也素車殷之木輅無金玉之飾者也旂十有二旒龍章而
設日月巾車所謂大常也明謂則之以示人也郊所以明天

廿三

元本有龍衮字

道故其衣服旂章皆取象於天也○陳氏祥道曰祀天内服大裘外被龍衮所以襲大裘也記曰裘之裼也見美也裘之襲也充美也禮不盛服不充故大裘不裼則襲衮可知也古者服裘有裼之而不襲襲之而不裼未有表而不襲者也林氏之奇曰說者謂周畫三辰於旂服惟九章不過據左氏三辰旂旗之文左氏謂冕有三辰何嘗明衣無三辰耶此云祭之日王被衮以象天則十二章備鄭氏謂此魯禮也豈有周制止九章而魯乃十二章乎愚謂舊說謂王之服止於九章而祭天但服大裘非也周禮司服公之服自衮冕以下如王之服王之服十二章而公特如其衮以下猶公之服九章而侯伯特如其鷩以下也裘乃褻服與夏之絺綌春秋之袍繭絅褶為類者也表裘不入公門而可以祀天乎玉藻言大裘

不裼不裼則襲也則大裘之上有中衣與上服必矣陳氏謂
大裘襲衮不可易也○祭天乘素車巾車玉路以祀謂自宗
廟以下之祭之所乘也杜預謂玉路即大路陸農師謂乘玉
路以就道乘大路以即壇皆非也大路質素無飾玉路飾之
以玉不可混而為一巾車備言五路而不及大路猶司尊彝
不言祭天之陶匏司几筵不言祭天之稾鞂也郊祭雖有大
次以為止息然其去壇不遠出次即壇咫尺之地未必復乘
車也大馭掌馭玉路以祀而有犯軷之祭蓋朝日夕月四望
山川之祭王之有事於郊外者不一非祭天之事也
帝牛不吉以為稷牛帝牛必在滌三月稷牛唯具所以別事天神
與人鬼也滌（釋文滌）音廸別彼列反（徐徒嘯反）
不吉謂死傷也為用也以為稷牛謂取稷牛而用之也郊天

廿四

以稷配故卜二牲而養之一為帝牛一為稷牛若帝牛死傷
則取稷牛為帝牛又别取他牛為稷牛也天神尊故帝牛必
在滌三月人鬼畢故稷牛可臨時取具鄭氏曰滌牢中所搜
除處也

萬物本乎天人本乎祖此所以配上帝也郊之祭也大報本反始
也

祖之所以配上帝者以其一為物之本一為人之本也郊社
皆有報本反始之義而郊之報本反始為尤大也○自天子
適四方至此明郊天之禮

○天子大蜡八伊耆氏始為蜡蜡也者索也歲十二月合聚萬物而
索饗之也 釋文 蜡仕詐反耆巨夷反

八者所祭有八神也先嗇一司嗇二百種三農四郵表畷五

禽獸六坊七水庸八伊耆氏秋官之屬伊安也耆老也此官掌共杖以安息老人為職蜡息老物故并使掌焉始為蜡者於將蜡之時始命國人為蜡祭也十二月建丑之月也蜡祭八神而曰合聚萬物者以百種禽獸其類非一也大宗伯以疈辜祭四方百物或言百物或言萬物並喻其多耳索饗之謂求索而盡饗之也孔氏曰蜡云大者是天子之蜡對諸侯為大天子有八神則諸侯之蜡未必八也謂若先嗇古之天子諸侯未必得祭也愚謂蜡祭自天子諸侯之國及黨正皆有之天子大蜡八則諸侯及黨正之蜡於八神有不皆祭者矣其諸侯無先嗇黨正又無司嗇與○孔疏謂伊耆氏為神農明堂位曰土鼓蕢桴葦籥伊耆氏之樂也女媧氏已有笙簧而神農之樂乃葦籥土鼓乎

廿五

孔氏上不當有愚謂字

蜡之祭也，主先嗇而祭司嗇也，祭百種以報嗇也。種之勇反

鄭氏曰：先嗇若神農也，司嗇后稷是也。愚謂孔氏曰：以先嗇為主，司嗇從祭。種曰稼，斂曰嗇，不云稼而云嗇者，取其成功收斂，受嗇而祭也。陳氏澔曰：主先嗇，猶前章主日之主，言其為八神之主也。愚謂百種，百穀之種也。

饗農及郵表畷、禽獸，仁之至，義之盡也。古之君子，使之必報之。迎猫，為其食田鼠也；迎虎，為其食田豕也；迎而祭之也。釋文 郵本亦作尤，有周反。畷丁劣反，又丁衛反。猫字又作貓，音苗。為于偽反。字或作郵

鄭氏曰：農，田畯也。郵表畷，謂田畯所以督約百姓於井間之處也。迎，迎其神也。孔氏曰：農謂古之田畯，有功於民。郵表畷者，是田畯於井間所舍之處。郵若郵亭屋宇，表田畔。畷謂井畔相連畷，於此田畔相連畷之所，造此郵舍，田畯處焉。禽獸

即猫虎之屬助田除害者特云猫虎舉其除害甚者仁之至義之盡者不忘恩而祭之仁也有功必報之義也愚謂郵田間廬舍也表田間路道路國語所謂列樹以表道也畷疆界相連綴也郵表畷謂始創廬舍表道路分疆界以利人者也迎迎其尸也猫虎非可為尸盖使人蒙其皮以象之與

祭坊與水庸事也曰土反其宅水歸其壑昆蟲毋作草木歸其澤

壑火各反 釋文坊音房

鄭氏曰水庸溝也孔氏曰坊以畜水亦以障水庸以受水亦以泄水防及水庸是人營為所須故曰事也土即坊也反歸也宅安也土歸其宅則不崩阤水即水庸也壑坑坎也水歸其壑則不泛溢昆蟲螟蝗之屬得陰而死得陽而生故曰昆蟲毋作謂不為災草苔稗木榛梗之屬也當各歸生藪澤不

廿六

得生於良田害嘉穀也蜡祭報功亦因祈禱故有此辞愚謂土歸其宅四句祭坊與水庸之祝辭也坊與水庸同祝辭則其祭之同處矣蓋蜡祭當為三壇先嗇司嗇百種為一壇農及郵表畷禽獸為一壇坊及水庸為一壇以記文繹之可見也

皮弁素服而祭素服以送終也葛帶榛杖喪殺也蜡之祭仁之至義之盡也 釋文 榛側巾反 殺所界反

此下二節言黨正蜡祭之禮也皮弁以白鹿皮為弁素服以素繒為衣裳皮弁素服即皮弁服也司服王祭羣小祀則元冕服此服皮弁服者黨正蜡祭之禮卑也送終謂送老物之終也素服色白近於衰喪服故曰以送終周禮籥章氏蜡祭則龡（歙）豳頌擊土鼓以息老物殺猶輕減也喪服變除有葛

籥章下當無氏字

帶喪服又有杖今蜡祭以葛為帶以榛為杖喪服之減殺者也為物之將終也故素服以送之為物之已終也故喪服以哀之不忍其終者愛卹之仁也有始必有終者裁制之義也前云仁之至義之盡專就迎貓迎虎而言此則統指一祭而言也

黄衣黄冠而祭息田夫也野夫黄冠黄服冠草服也

方氏慤曰皮弁素服主祭者之服黄衣黄冠助祭者之服愚謂黨正祭蜡屬民飲酒而一國之人皆若狂黄衣黄冠而祭謂農夫與於蜡祭之禮者既祭則使之飲酒宴樂以休息之也野夫黄冠者言野夫既賤故蜡祭之時不得皮弁素服而其服如此也黄冠草服者黄冠乃臺笠之屬而其色黄也鄭氏以黄衣黄冠為臘祭非是說見月令

廿七

大羅氏天子之掌鳥獸者也諸侯貢屬焉草笠而至尊野服也羅氏致鹿與女而詔客告也以戒諸侯曰好田好女者亡其國天子樹瓜華不斂藏之種也笠音立好呼報反

孔氏曰此因上蜡祭廣釋歲終蜡時之事大羅氏為大羅以捕鳥獸者也周禮羅氏掌羅烏鳥蜡則作羅襦不言掌獸此云獸者以其受貢獸故也大羅氏能張羅得鳥故諸侯貢鳥獸者皆屬焉草笠以草為笠也諸侯貢鳥獸之使著草笠而至王庭草笠是野人之服今歲終功成由野人而得故重其事而尊其服詔亦告也客謂貢鳥獸之使者鹿是田獵所得女是亡國之女而王所獲者也羅氏受貢畢致鹿及女子以示使者而宣天子之詔令使者還告其君也好田好女者亡其國此宣詔所告之言也華果蓏也言天子樹植瓜華是供

一時之食不是收斂久藏之物若可久藏則不樹之不務聚蓄與民爭利令使者還告其君亦當如此愚謂此節之義未詳今姑存舊説如此

八蜡以記四方四方年不順成八蜡不通以謹民財也順成之方其蜡乃通以移民也移舊以豉反今如字

記四方謂記明四方之豐歉也通猶行也順成謂風雨和順而五穀成熟也大宗伯以疈辜祭四方百物是天子八蜡之祭方别為壇其有不順成之方則蜡祭不行其當方黨鄙之祭亦然蓋八蜡所以報功今神既無功於民故不行蜡祭所以使民謹於用財亦凶荒殺禮之意也移猶表記衣服以移之之移順成之方則通其蜡祭蓋百姓終歲勤動恐其倦怠使之因蜡祭而聚會飲食所以移其厭倦之心而予以豐饒

廿八

之樂一張一弛之道也

既蜡而收民息已故既蜡君子不興功

民息謂民之收藏畢也君子不興功謂上之力役止也左傳凡土功龍見而畢務火見而致用水昏正而栽日至而畢然則蜡祭在夏正之十二月明矣。自天子大蜡八至此記蜡祭之禮

禮記 二十二卷 共計乙萬四千四百九十四字
連書面共卅頁

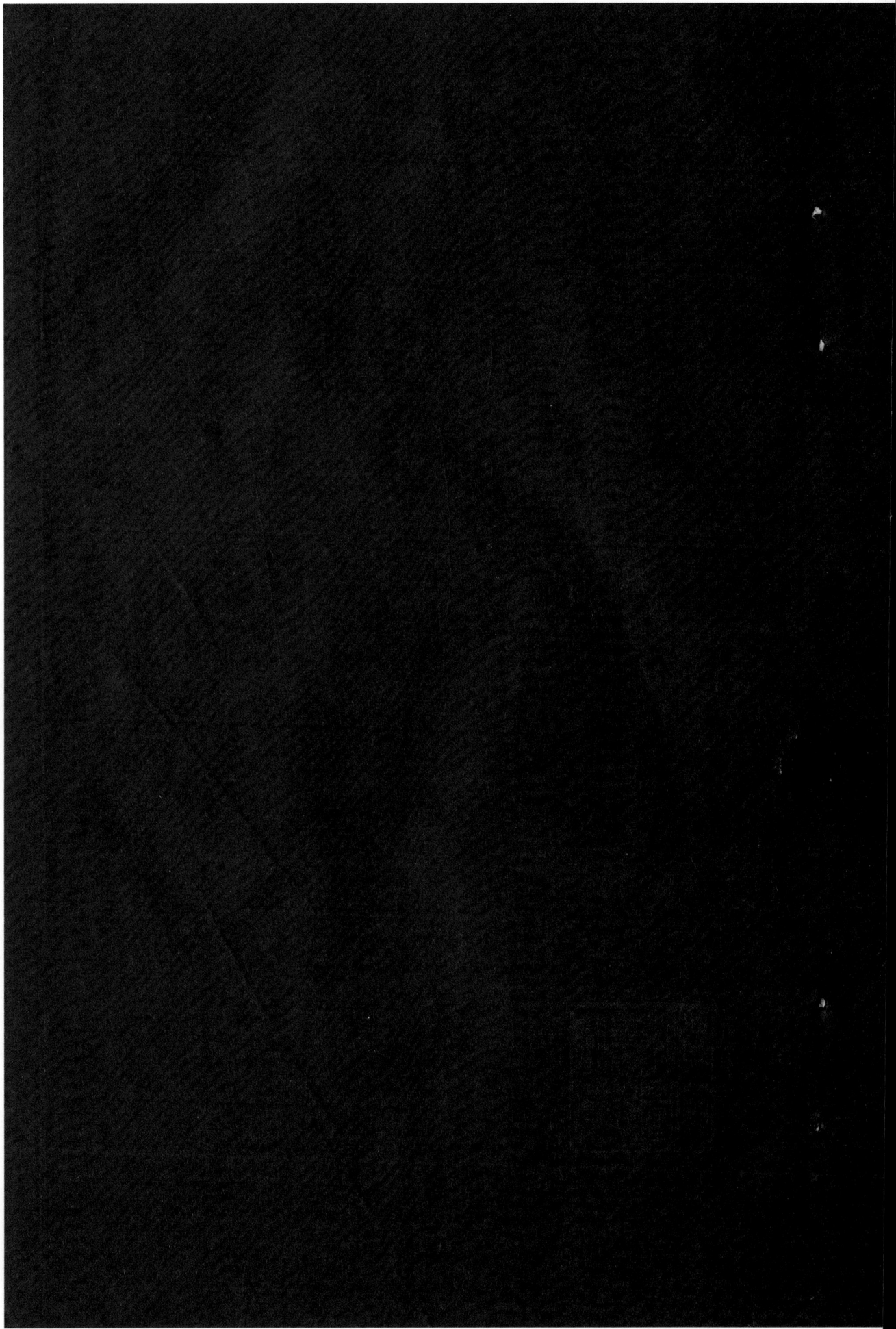

禮記二十六卷

第六一二十六卷

八月二十一日鏘鳴校過

禮記卷二十六

郊特牲第十一之二

孫希旦集解

恒豆之菹水草之和氣也其醢陸產之物也加豆陸產也其醢水物也　菹争居反醢音海

恒豆朝事所薦之豆也菹酢菜也取生菜以醯釀之全物若腜謂之菹細切謂之齏水草之和氣謂取水草為菹乃四時之和美之氣所生也禮器云籩豆之實四時之和氣也是豆實所用水草之物莫非四時之和氣獨於恒豆之菹言之餘從可知也醢肉醬也有骨者謂之臡無骨者謂之醢加豆祭末酳尸所薦之豆也加豆不言菹者文省也周禮醢人朝事之豆有昌本茆菹是水物也醓醢糜臡鹿臡麇臡皆陸產也加豆之實落菹筍菹是陸產也鴈醢魚醢是水物也恒足之

韭菹菁菹非水物加豆之芹菹深蒲非陸產兎醢醓醢非水物此蓋約畧言之以見豆實或用水物或用陸物可薦之物莫不咸在耳不言饋食之豆者舉恒豆加豆則饋食之豆亦備水陸之物可知也○鄭氏曰此謂諸侯也天子朝事之豆有昌本麋臡茆菹麇臡饋食之豆有葵菹蠃醢豚拍魚醢其餘則有錯雜云愚謂鄭氏以此為諸侯非也以儀禮考之特牲禮二豆葵菹蠃醢周禮饋食之二豆也少牢禮四豆韭菹醓醢葵菹蠃醢周禮朝事之二豆饋食之二豆也公食禮六豆韭菹醓醢昌本麋臡菁菹鹿臡周禮朝事之六豆也聘禮歸饔餼八豆而韭菹醓醢居其首則全用周禮朝事之豆也是天子諸侯大夫之豆惟其多少有差而其實則未嘗有異矣又鄭引饋食之豆以當加豆與周禮違孔氏既從周禮以

豆實誤倒原寫本亦誤

醢尸之豆爲加豆是矣而又舉饋食之實豆以釋之以强從鄭氏徒令學者瞀眩耳

邊豆之藘水土之品也不敢用常褻味而貴多品所以交於神明之義也非食味之道也藘又作薦同即見反

釋文

重舉前文而申之以起下文也

先王之薦可食也而不可耆也卷冕路車可陳也而不可好也武壯而不可樂也宗廟之威而不可安也宗廟之器可用也而不可便其利也所以交於神明者不可同於所安樂之義也耆市志反路本亦作輅音同樂皇音洛徐五教反便婢面反徐比絹反

釋文

藘 藘謂籩豆也以其非食味之道故可偶食之而不可常耆也衮冕路車尊嚴雖可陳列而不可常服乘之以爲容好也大武之舞發揚蹈厲其容壯勇不可常奏之以爲娛樂也宗廟之

二

中尊嚴肅敬不可常處之以爲安也宗廟之器共事神明不可便其利於用言常用之則不便也孔氏曰此一明祭祀之物不可同於尋常安樂之義

酒醴之美玄酒明水之尚貴五味之本也黼黻文繡之美疏布之尚反女功之始也莞簟之安而蒲越稾鞂之尚明之也大羹不和貴其質也大圭不琢美其質也丹漆雕幾之美素車之乘尊其樸也貴其質而已矣所以交於神明者不可同於所安褻之甚也如是而后宜莞音官徐音丸簟大點反越音活稾本又作藁古老反鞂古八反和胡卧反琢讀爲瑑雕本又作彫幾巨衣反乘時證反樸普角反

鄭氏曰尚質貴本其至如是乃得交於神明之宜也明水司烜以陰鑑所取於月之水也蒲越稾鞂藉神席也明之者神明之也琢當爲篆字之誤也幾謂漆飾沂鄂也孔氏曰此明

尊上㨿正義作尊尚

樸誤横

祭祀之物貴質尚本也元酒謂水也明水所取於月水也陳列酒尊之時明水在五齊之上元酒在三酒之上尊上其古故設尊在前疏布之尚者冪人疏布巾冪八尊禮器云犧尊疏布冪是也凡常下莞上簟祭天則蒲越稾鞂之尚是神明之也彫謂刻鏤幾謂沂鄂言尋常車以丹漆彫飾之為沂鄂而祭天則素車之乘者尊其横素也貴其質而已矣此一句包上酒醴以下諸事言祭祀之時不重華飾惟貴質素而已以其交於神明不可同於尋常身所安樂之甚也尚質尚儉如是而後得交神明之義愚謂蒲越結蒲為席宗廟之席也稾鞂祭天之席也大羹淡泊故曰貴其質玉質本美故曰美其質玉不可同於所安褻之甚者言同於所安褻則不可之甚也上節言祭祀之物不可用於平常此節言平常之物不可

三

據前文當作食味

目誤者

君授疏補

用於祭祀承上文所以交於神明之義非食物之道之義而
推廣申明之也
鼎俎奇而籩豆偶陰陽之義也黄目鬱氣之上尊也黄者中也目
者氣之清明者也言酌於中而清明於外也奇居宜反
鄭氏曰黄者黄彝也周所造於諸侯為上孔氏曰黄彝以黄金
鏤其外以為目因取名也將貯鬱鬯故云鬱氣祭祀時列諸
尊之上故云上也案明堂位云夏后氏以雞彝殷以斝周以
黄目是周所造也天子黄彝之上有雞彝鳥彝脩前代之器
諸侯但有黄彝故云於諸侯為上黄是中方色目是氣之清
明者言酌於中而清明於外者言酒清明在尊中而可斟酌
示人君慮於祭事必斟酌盡於中也目在尊外而有清明示
人行祭必外盡清明潔淨也

五百〇十五

祭天埽地而祭焉於其質而已矣醯醢之美而煎鹽之尚貴天產也割刀之用而鸞刀之貴貴其義也聲和而后斷也醯呼兮反本又作醓同斷丁亂反

孔氏曰餘物皆人功和合為之鹽則天產自然故曰貴天產也言煎者煎此自然之鹽鍊治之也煎鹽之尚者皇氏云設之於醯醢之上故云尚熊氏云煎鹽祭天所用故云尚愚謂煎鹽即形鹽朝事之籩實也醓即醯醢之屬也曰醯醢者醯必資醯以成也煎鹽不獨用於祭天皇氏之說是也特牲禮設饌之法俎在豆東敦在俎南籩在敦南是籩直豆之南尸席南上設饌以南為上煎鹽籩實設當豆實醯醢之南是煎鹽之尚也醯醢須釀而成煎鹽天質自然故曰貴天產也貴其義謂貴其和而能斷之義也凡物之和者或不足於斷斷

四

者或不足於和鸞刀先有調和之聲而後資割斷之用和斷相資剛柔不偏故其義爲可貴也自恒豆之菹至此雜明祭祀所用之物而歸重於尚質之義亦前篇之義也

○冠義始冠之緇布之冠也大古冠布齊則緇之其緌也孔子曰吾未之聞也冠而敝之可也之冠如字餘並古亂反後同齊側皆反緌耳佳反敝本亦作弊婢世反

鄭氏曰始冠三加先加緇布冠也太古無飾非時人緌也雜記曰大白緇布之冠不緌大白卽大古白布冠今喪冠也齊則緇之者鬼神尚幽闇也唐虞以前曰大古冠而敝之者此重古而冠之耳三代改制齊冠不復用也以白布冠質以爲喪冠也愚謂冠義者儀禮有士冠禮此解其義也大古但用白布爲冠齊則緇之以明敬也後世冠制既異而始冠猶用太古之齊冠重古之義也緌者結纓而垂其餘以爲飾也後

世之冠有笄其纓分屬於笄交結於頤而垂其餘以爲緌古冠無笄其纓惟一條屬於缺項之左而上結於其右故無垂餘之緌則始冠既用古冠則其纓宜用古制而其後乃爲之緌則失其制矣敝壞也敝之可也者言緇布冠既冠則不復用也皇氏侃曰齋則緇之謂祭前若祭時自著祭服有虞氏皇而祭是也賈氏公彥曰冠訖士則敝之不復著若庶人猶著之故詩云彼都人士臺笠緇撮是庶人用緇布籠其髮以爲常服也

適子冠於阼以著代也醮於客位加有成也三加彌尊喻其志也冠而字之敬其名也

釋文 適丁歷反醮子妙反

適子冠於阼階之上士冠禮筵於東序少北是也著明也阼階主人之位適子冠於此明其有代父之義也冠禮用醴曰

五

醴用酒曰醮客位謂戶牖之間賓客之位也醮於客位謂既冠則筵于賓客之位而酌酒以禮之士冠禮筵于戶西南面是也冠禮用醴則三加之後總一醴之用酒則每一加則一醮加有成者謂每加則醮之以表其禮之有成也蓋冠禮雖有醴與醮二禮然醴質而醮文周世尚文用醮禮者多故此及冠義篇皆言醮於客位也三加彌尊者初加緇布冠次加皮弁次加爵弁皮弁尊於冠爵弁又尊於皮弁也喻其志者服彌尊則當思所以稱之曉喻冠者之志意務令充大以稱其服也名所者所受於父母既冠而字之敬其名而不敢稱也

委貌周道也章甫殷道也毋追夏后氏之道也釋文毋追上音牟下多雷反

鄭氏曰委猶安也言所以安正容貌章明也言所以表明丈夫也毋發聲也追猶堆也夏后氏質以其形名之三冠其制

○下七十八

之異同未聞愚謂此三者皆元冠之别名也始冠宜用元冠而以重古故用緇布冠然緇布冠冠而敝之而所常冠者則元冠也故此因明三代元冠之異名道猶制也

周弁殷冔夏收冔況甫反字林作⿰糹冔火于反

此三代三加之冠也弁爵弁也弁冔收三代士助祭之冠也鄭氏曰弁名出於槃槃大也言所以自光大也冔名出於幠幠覆也言所以自覆飾也收言所以收斂髮也其制之異未聞

三王共皮弁素積

此再加之冠也素積以素繒為裳而襞積之也素言其色積言其制賈氏公彥曰言三代再加所用同也

無大夫冠禮而有其昏禮古者五十而後爵何大夫冠禮之有

六

鄭氏曰二十而冠急成人也五十乃爵重官人也大夫或時改娶有昏禮也愚謂喪服殤小功章大夫為昆姊之長殤大夫為兄姊殤服則有未冠已為大夫者矣而不為之制冠禮者為大夫者必由士而升當其為士則固以士禮而冠矣童子之禮不裘不帛不屨絇見先生從人而入既仕而為士固不可以童子之禮處之未有不冠者也為士者必冠則無為大夫而後冠者矣爵謂假祖廟而命之也雖為大夫至假祖廟而命之則必待五十蓋古者爵人之慎重如此則固無仕而即為大夫者矣又何大夫冠禮之有

諸侯之有冠禮夏之末造也

鄭氏曰言夏初以上諸侯幼而即位者猶以士禮冠之愚謂末造猶末世也諸侯繼世而立或有幼而嗣位者既為諸侯

五日十二

及其冠也不容不與士禮異所以至夏末始作為公侯之冠禮也家語冠頌公冠元冕四加天子擬焉○鄭氏謂夏時諸侯至五十乃爵命無據

天子之元子士也天下無生而生貴者也

敖氏繼公曰元子長子其冠時猶士而用士禮以其未即位則無爵故也舉天子之元子以見其餘皇氏侃曰天子元士惟冠禮與士同其餘則與士不同故喪服諸侯之兄弟得行大夫之禮也○歸氏有光曰自無大夫冠禮至此明天子諸侯大夫之無冠禮也冠者將責為人子為人弟為人臣為人少者之禮蓋父兄以成人之事責子弟也天子為元子之時以士禮冠設不幸君終世子未冠則冕而踐阼已君臨天下將又責以為人子為人弟為人臣為人少之禮乎家語孔

子誤士據正義改

七

緌誤綏

子答孟懿子吾取焉曰古者王世子雖幼其即位則尊為人君人君治成人之事者何冠之有曰諸侯之冠異天子乎曰君薨而世子主喪是亦冠也已人君無所殊也此孔氏之遺言也益以祝雍頌公符之篇則誣矣公符曰公冠四加元冕左傳君冠必以祼享之禮行之以金石之樂節之以先君之祧處之玉藻曰始冠緇布冠自諸侯下達元冠朱組纓天子之冠也緇布冠續綏緌諸侯之冠也蓋務為天子諸侯大夫士之別而不知先王制冠禮之義所以同之於士者也

繼世以立諸侯象賢也以官爵人德之殺也死而謚今也古者生無爵死無謚

孔氏曰繼世以立諸侯象賢也此明夏末以來有諸侯冠禮之意也以官爵人德之殺也言官爵之授隨德隆殺此明所

此義作士冠禮記似冠下當有禮字

以無大夫冠義也愚謂繼世以立諸侯以能象其先世之賢故諸侯無升陟之漸未冠而為諸侯者不得不別為諸侯之冠禮也以官爵人隨德隆殺故大夫無驟為之法其為大夫者必皆已冠於為士之時而不得別為大夫之冠禮也死而謚謂大夫死皆有謚而不問其已爵與否也謚起於周今蓋謂春秋以還古者謂周初也生無爵死無謚者古者大夫五十而爵然後生則稱其族死則為之謚若未五十而死未受爵命死則無謚也春秋初魯大夫如無駭羽父柔挾翬生不稱族死不為謚皆未爵故也至僖文以後乃無不謚者則禮之失固未久也此又因大夫無冠禮而推類言之○孔氏謂此士冠記之文故論士死而無謚至作記之時加謚非也士之無謚周末猶然謂作記之時加謚何所據乎士冠禮自戒

八

據儀禮文改

賓曰以下至不屢繐屨本其記也自冠義以下則後人節取
郊特牲之文附諸篇末其文体與儀禮記全不類其後又誤
以記連於經而以冠義以下謂之記失之矣

禮之所尊尊其義也失其義陳其數祝史之事也故其數可陳也
其義難知也知其義而敬守之天子之所以治天下也

孔氏曰此因上論冠義下論昏義故因上起下於中說重禮
之義愚謂禮之數見於事物之末禮之義通乎性命之精故
其數可陳其義難知知其義而又能敬守之以体其實焉則
所謂能以禮讓為國者雖先王所以治天下其道不出乎是
此禮之義之所以為尊也○朱子曰此蓋秦火之前典籍具
備之時固為至論然非得其數則其義亦不可得而知矣況
今已逸之餘數之存者不能什一則尤不可以為祝史之事

五十三

沽疑濫正義曰幣不濫惡又按物麤惡亦曰沽見周礼疏

而忽之也

○天地合而后萬物興焉夫昏禮萬世之始也取於異姓所以附遠厚別也取音娶本又作娶遠于萬反別兵列反

孔氏曰天氣下降地氣上騰天地合配則萬物生焉夫婦配合則子姓生焉娶異姓者所以依附疏遠之道厚重分別之義也方氏慤曰必取於異姓所以附遠不取同姓所以厚別

幣必誠辭無不腆告之以直信信事人也信婦德也壹與之齊終身不改故夫死不嫁醮腆天典反事舊側吏反今如字鄭註齊或為○按事今如字

幣謂納徵之幣誠實也幣必誠謂不以沽惡之物昏禮記云皮帛必可制是也腆善也辭無不腆者謂納幣之辭不自謙言皮帛不善幣必誠信也辭無不腆直也斯二者所以告婦以正直誠信之道也信者人之所以事人婦以事夫其德以

九

信為本故於納徵之幣與辭而先有以示之如此上言直信而下但云信者言信則直在其中矣齊謂共牢同尊卑也壹與之齊終身不改惟其信而已陸氏佃曰凡謙辭言不腆據聘禮主人曰不腆先君之祧既拚以俟矣春秋傳曰不腆敝器不足辭也又腆先君之敝器使下臣致諸執事以為瑞節令辭不云不腆告之以直信也

男子親迎男先於女剛柔之義也天先乎地君先乎臣其義一也

迎魚敬反先悉見反

○顧氏炎武曰歸妹人之終始也先王於此有省

男子親迎是男先於女也所以然者男剛而女柔剛之德主乎進柔之德主乎退非獨昏姻如此至於天地君臣其義亦然故天道資始而地道代終君務於求賢而臣恥於自衒也

執摯以相見敬章別也男女有別然後父子親父子親然後義生

四月廿四

義生然後禮作禮作然後萬物安無别無義禽獸之道也贄音至本亦作摯

摯謂親迎所奠之鴈也章明也執摯相見者賓主之道今乃於夫婦之間行之所以致其恭敬以明男女有别而其交接不可以苟也有夫婦然後有父子故父子之親由於男女之别有父子然後有君臣故君臣之義由於父子之親有君臣然後有上下有上下然後禮義有所錯故義生而後禮作人無禮則危有禮則安故禮作而後萬物安由男女有别而遞推其所致如此所以深明男女之别之重也

壻親御授綏親之也親之也者親之也敬而親之先王之所以得天下也

親御謂御婦車也授綏授婦綏以升也婦本有御者壻必親

御授綏所以示身親其事也必身親其事者所以致其親愛於婦也執摯相見所以為敬親御授綏所以為親敬則夫婦之禮肅而無燕暱之傷親則夫婦之情篤而無睽離之患化起於閨門而風行於四海先王之所以得天下其道不外乎是也

出乎大門而先男帥女女從男夫婦之義由此始也婦人從人者也幼從父兄嫁從夫夫死從子夫也者夫也夫也者以知帥人者也

釋文先如字知音智○鄭註夫或為傅

大門婦家之大門也先壻車先行也夫婦之義由此始者婦未出父家猶未成其為婦出乎大門則夫全乎其為夫婦全乎其為婦一帥一從而尊卑唱隨之義定矣自婦人從人以下又以申明男帥女女從男之義也夫也者夫也言夫乃丈夫之

写八十三

稱丈夫乃有才智者之名左傳成師以出聞敵强而退非夫

也是也故曰以知師人者也

立冕齊戒鬼神陰陽也將以為社稷主為先祖後而可以不致敬

乎

孔氏曰案昏禮士昏用爵弁爵弁是士之上服則天子以下

皆用上服五冕色通元故總稱元冕陰陽謂夫婦著祭服而

齊戒親迎是敬此夫婦之道如事鬼神故曰鬼神陰陽也妻

為内主故有國者是為社稷内主也嗣廣後世是為先祖後

也明如此之重不可不致敬所以冕而親迎也

共牢而食同尊卑也故婦人無爵從夫之爵坐以夫之齒

二牲以上謂之牢士昏用爵弁而上云元冕親迎士昏用特

豚而此云同牢皆謂大夫以上之禮也共牢者謂用一牢而

十一

夫婦共食之不别殂也牢禮以爵等為差夫婦共牢以其尊卑同也婦人無爵從夫之爵者婦人無受爵命之法其夫受爵命則其妻之爵從之也坐以夫之齒者謂兄弟之妻其娣姒之序不以已之年而以夫之年也

器用陶匏尚禮然也三王作牢用陶匏

陶謂以瓦為尊敦之屬匏謂以匏為爵也士昏禮食畢夫婦皆三酳初酳再酳用爵三酳用巹巹半匏也以一匏分而為二夫婦各用其一以酳也尚上通尚禮然謂上古之禮器如是也鄭氏曰大古無共牢之禮三王之世作之而用大古之器重夫婦之始也

厥明婦盥饋舅姑卒食婦餕餘私之也舅姑降自西階婦降自阼階授之室也釋文盥音管饋其位反一本無婦盥饋三字餕音俊

四司卅

孔氏曰厥其也其明謂共牢之明日也食餘曰餕私猶恩也明日婦見舅姑盥饋特豚舅姑食特豚之禮竟以餘食賜婦此示舅姑相恩私之義也愚謂盥饋言致潔以饋也孔氏言盥饋特豚此據士昏禮言之若大夫以上有不止於特豚者矣舅姑降自西階婦降自阼階謂盥饋之明日舅姑饗婦以一獻之禮既饗而降也授之室者西階為客階阼階為主階舅姑自由客階降使婦由主階降明以室事授之而使為家主也盥饋授室皆謂適婦之禮若庶婦則不饋舅姑亦不饗之無著代之事也

昏禮不用樂幽陰之義也樂陽氣也昏禮不賀人之序也

陳氏祥道曰大司徒以陰禮教親則民不怨昏之為禮其陰禮與古之制禮者不以吉禮干凶禮不以陽事干陰事昏禮

十二

不用樂幽陰之義也方氏曰孔子曰取婦之家三日不舉樂思嗣親也彼言思嗣親此言幽陰之義者蓋有所思者固欲其幽陰也經曰齊之元也以陰幽思也是矣愚謂其為陰禮而樂為陽氣故昏禮不用樂與食嘗無樂同義然既昏之後猶不遽舉樂者則以思嗣親之故此與曾子問各據一義而言之也序謂相傳之次第也昏禮舅姑授婦以室子有傳重之端則親有代謝之勢人子之所不忍言也故不賀〇自天地合而萬物興至此明昏禮之義

〇有虞氏之祭也尚用氣血腥爓祭用氣也血腥爓祭為句鄭註爓或為腤

鄭氏曰尚謂先薦之孔氏曰尚謂貴尚祭祀之時先薦之也血謂祭初以血詔神於室腥謂朝踐薦腥肉於堂爓謂沈肉於湯次腥亦薦於堂以血腥爓三者而祭是用氣也以其並

五百五十

未熟故云用氣愚謂用氣者血腥爓三者皆不可食但用其氣以歆神也有虞氏祭禮不可考禮運曰毛血以祭腥其俎孰其殽則三者之祭乃周之所因於夏殷而夏殷所因於唐虞者也有虞氏尚臭故於饋熟之前先薦此三者而後王因之而不變也○自此以至篇終皆明祭祀之禮

殷人尚聲臭味未成滌蕩其聲樂三闋然後出迎牲聲音之號所以詔告於天地之間也

釋文　滌音狄又同弔反三如字又息暫反

臭味未成謂未殺牲之先未有血腥故臭未成未合亨饋孰故味未成也滌蕩者播散之意闋止也殷人先求諸陽故作樂三闋以降神而後迎牲樂為陽氣聲音之呼號所以詔告於天地之間與䰟氣之陽相感召也○凡正樂有四降節而降神惟三闋大司樂尸出入奏肆夏左傳云金奏肆夏之三

十三

是尸入奏肆夏亦奏肆夏之三矣蓋大饗之納賓祭祀之納尸與降神其事相類故樂皆以三為節商頌那之篇曰猗與那與置我鞉鼓奏鼓簡簡衎我烈祖此降神之樂也又曰湯孫奏假綏我思成鞉鼓淵淵嘒嘒管聲既和且平依我磬聲於赫湯孫穆穆厥聲庸鼓有斁萬舞有奕我有嘉客亦不夷懌此正祭之樂也大司樂奏無射歌夾鍾舞大武以享先祖歌夾鍾升歌也舞大武合舞也奏無射在歌夾鍾之上降神之樂也降神三闋而但言奏無射豈三奏皆用無射之調與抑或舉其一以該其三若尸入奏肆夏之三而但言肆夏與大司樂又云黃鍾為宮大呂為角大蔟為徵應鍾為羽路鼓鼓鼗陰竹之管龍門之琴瑟九德之歌九磬之舞於宗廟之中奏之此謂大禘大祫之樂故黃鍾以下有四調蓋其上二

吏司五十二

謂六用以降神與若然則大禘大祫降神有六闋矣疏家謂大司樂黄鍾以下皆為降神之樂然商頌言正祭之樂詳言降神之樂畧又大司樂言奏無射則降神之樂蓋止以鍾鼓或笙管奏之如尸入奏肆夏之比而不升歌合舞也大司樂黄鍾為宫以下有琴瑟與管則升歌下管之䂍也有九德之歌九磬之舞則合舞之事也必非徒用以降神者矣

周人尚臭灌用鬯臭句鬱合鬯句臭陰達於淵泉灌以圭璋用玉氣也既灌然後迎牲致陰氣也蕭合黍稷臭陽達於牆屋故既奠然後焫蕭合羶薌凡祭慎諸此鬱字釋文作欝焫如悅反合如字徐音閤羶舊讀為馨今如字薌音香鄭註奠或為薦

（朱批：釋文　又　依註音　許經反　今按羶如字　羶當為馨）

鄭氏曰灌謂以圭瓚酌鬯始獻神也已乃迎牲於庭殺之天子諸侯之禮也奠謂薦孰時特牲饋食禮所云祝酌奠于鉶

亩

南是也蕭鄉蒿也染以脂合黍稷燒之詩云取蕭祭脂孔氏曰饋孰有黍稷此云蕭合黍稷故知當饋孰時愚謂臭香氣也鬯秬鬯也釀黑秬黍為酒芬芳鬯達故謂之鬯灌用鬯臭言灌地降神用秬鬯之香氣也鬱鬱金香草也鬱合鬯言秬鬯之酒煑鬱金香草以和合之也曰臭陰者酒醴之質下潤也達於淵泉言其所達之深而足以感乎死者之體魄也灌用圭璋者灌鬯盛以玉瓚以圭璋為之柄也用玉氣者玉氣潔潤言非但鬱鬯是用臭圭璋亦用臭之義也既灌然後迎牲用人先求諸陰也蕭香蒿也蕭合黍稷謂以香蒿合於黍稷而燔之也曰臭陽者燔燎之氣上升也達於牆屋言其所達之高而足以感乎死者之魂氣也既奠然後焫蕭合羶薌此明焫蕭之節也奠謂奠爵於鉶南也焫燒也薌與香同羶

書卅四

薌牛羊腸間脂也羊膏羶牛膏薌周禮庖人春行羔豚膳膏薌秋行鱻羽膳膏羶是也特牲禮尸未入時設饌饗神祝酌奠于鉶南天子諸侯之祭朝踐時事尸於堂朝踐禮畢尸未入室六先設饌於室而酌酒奠之然後焫蕭合羶薌迎尸入室而行饋熟之禮也焫蕭合羶并有黍稷上言合黍稷下言合羶薌互相備也灌用鬱鬯所以求諸陰焫蕭所以求諸陰陽凡祭慎諸此者周人尚臭故於此灌與焫蕭之時尤致其慎也○鄭氏小宰注云凡鬱鬯受祭之啐之奠之此别無他據蓋見特牲禮尸入舉鉶南之奠觶祭酒啐酒奠觶遂據以推受祼之禮耳不知鉶南之觶奠也與祭饌並設而在獻數之外者也則但當啐之而已鬱鬯之祼獻也不與祭饌並設而在獻數之内者也則不但啐之而已也宗廟之大饗賓客

十五

之大饗始皆有祼其禮當相放前賓入門華云卒爵而樂闋此爵即祼獻之爵而云卒爵則尸於鬱鬯亦卒爵賓飲卒爵而酢主人則尸卒爵亦當酢王但獻尸無酬爵耳飲鬱鬯之法見於顧命顧命云王受同瑁三宿三祭三宅又云大保受同以異同秉璋以酢同爵名蓋圭瓚口徑八寸不可以飲故注之於同而祭之飲之此飲鬱鬯之法也圭瓚受五升既以注於同者飲之其餘鬯在瓚仍陳於尸前故典瑞云祼圭有瓚以肆先王以祼賓客肆課謂陳之也或言肆或言祼互見之爾人君饋孰之始𨥧南之奠亦酌於瓚說見後下文所謂舉斝角詔妥尸是也此則尸祭之啐之而不飲者也

魂氣歸于天形魄歸于地故祭求諸陰陽之義也殷人先求諸陽

周人先求諸陰

書五十一

魂氣歸于天者陽也形魄歸于地者陰也故祭祀之義求諸陰陽而已棫樸美文王而曰奉璋峩峩則殷未嘗不灌而以求諸陽為先也大司樂言奏無射以享先祖則周未嘗無降神之樂而以求諸陰為先也殷人先求諸陽先作樂而後灌也周人先求諸陰先灌而後作樂也祭義云建設朝事以報氣也則有虞氏之尚氣亦所以求諸陽不言者可知也馬氏睎孟曰有虞氏尚氣殷人從而文之故尚聲殷人既尚聲周人從而文之故尚臭周人既求諸陰又求諸陽則知有虞之用氣非不用味也殷人先求諸陽非不求諸陰也謂之尚氣謂之尚聲謂之尚臭皆以始言之而其意各有所主也

詔祝於室坐尸於堂用牲於庭升首於室直祭祝于主索祭祝于祊不知神之所在於彼乎於此乎或諸遠人乎祭于祊尚曰求諸

遠者遠者與祝之六反又之又反遠人遠于萬反與音餘

此因上文言求諸陰陽而備言求神之法也與禮器納牲詔於庭一章語意大同小異詔祝於室謂初殺牲時以幣告神於室即禮器云血毛詔於室也坐尸於堂謂既告殺尸出坐於戶西南面而行朝踐之禮即禮器云設祭于堂也用牲於庭謂納牲於庭而殺之即禮器云納牲詔於庭也此時尸尚在室升首於室謂殺牲而升其首于室中北墉下也此時尸出在堂薦腥之前也直正也直祭祝于主謂正行祭禮則祝釋辞于主也亦禮器設祭於堂之事也索求也索祭祝于祊謂求神之時則祝釋辞於門外之祊即禮器云為祊於外也以不知神之所在故其求之之徧如此尚庶幾也自室至堂自堂至庭自庭至祊而祊為最遠於至遠之所而無不求焉

存卅九、

庶幾其可以得之與○鄭氏曰朝事延尸于戶西南面布主席東面取牲膟膋燎于鑪炭洗肝于鬱鬯而燔之入以詔神於神又出以墮于主主人親制其肝所謂制祭也時尸薦以籩豆至薦孰乃更延主于室之奧尸來升席自北方坐于主北焉愚謂禮運疏云朝踐之時尸出於室大祖之尸坐於戶西南面昭在東穆在西主皆在其右此註則謂尸南面主東面然尸入室時坐於主北則尸主同面不應在堂時獨異且堂上之位以南面為尊不應尸南面而主反東面也又坐于戶西謂大祖之尸也大祖之尸主不同面則羣廟之尸主或東或西或南或北參差淆雜必無是禮當以禮運疏為是朝踐燔膟膋及洗肝而祭之謂之制祭鄭於禮器及此註皆言之然燔蕭在饋孰時不在朝踐制祭乃漢禮於經亦無所見

十七

也說詳禮器

祊之為言倞也胼〔肵〕之為言敬也富也者福也首也者直也相饗之也嘏長也大也尸陳也〔釋文〕倞音諒肵音祈嘏古稚反相息亮反長直良反鄭註倞或為諒富也者福也或曰福也者俻也直或為植〔犆〕

（按本注釋文改）

（或訓鄭注作或詁）

鄭氏曰倞猶索也肵也者敬也為尸有肵俎此訓也富也者福也人君嘏辭有富此訓之也首也者直也訓所以升首祭也相謂詔侑也詔侑尸者欲使饗此饌也特牲饋食禮曰主人拜妥尸尸答拜執奠祝饗嘏長也大也主人受祭福曰嘏此訓也尸或訓為主此尸神象當從主訓之言陳非也孔氏曰特牲少牢尸祭饌訖祝取牢心舌載于肵俎設于饌北尸每食牲体反置于肵俎是主人敬尸之俎也人君嘏辭有富者少牢云皇尸命工祝承致多福無疆于女孝孫使女受祿

五丁の十八

此下釋字似衍

于天宜稼于田眉壽萬年勿替引之此是大夫嘏辭也人君
則福慶之辞更多故詩楚茨云永錫爾極時萬時億卜爾百
福如幾如式是也直正也言首為一体（體）之正嘏長也大也尸
嘏主人欲其長久廣大也愚謂倞遠也祊也者倞也此釋因
上文求諸遠之義而釋之也直正也牲体（體）載之尸俎者但其
右胖耳惟首則全升之故為体（體）之正嘏長也大也言福之長
久而廣大也尸以象神神無形而尸陳見故曰尸陳也

毛血告幽全之物也告幽全之物者貴純之道也血祭盛氣也
祭肺肝心貴氣主也祭黍稷加肺祭齊加明水報陰也取膟膋燔
燎升首報陽也（釋文）齊才細反膟音律膋力彫反

毛血謂初殺牲時取毛血以告尸於室所謂血毛詔于室也
血以告幽表其內之無所傷毛以告全表其外之無所雜純

十八

謂内外皆善也血祭盛氣謂取血非但告幽又所以明其氣之盛也血陰而氣陽氣不可見而陰陽相資故因血以表氣也祭肺肝心者肺載於正俎肝以從獻心載於肵俎也貴氣主者肺以藏魄而為氣主心肝亦與肺相附著故皆以氣主言之牲之五藏惟用其三者蓋肺肝心在前故貴之脾腎在後故賤之猶貴肩賤髀之義也祭黍稷謂饋熟時也此所謂祭皆謂薦之於尸非祭於豆間之祭跡以綏祭鮮之與記言報陰意不合肺有離肺有刌肺離肺亦謂之舉肺尸之所用以食者也刌肺亦謂之祭肺尸之所用以祭者也此云加肺謂離肺也祭齊謂以五齊獻于尸也加明水謂設五齊以明水配之也膟膋腸間脂也取膟膋燔燎即所謂焫蕭合羶薌也升首謂升首于室也䰟氣為陽体魄為陰黍稷牲体酒醴

之屬可以飲食而以味饗神者也故曰報陰燎（燔）升首不可以飲食而以氣歆神者也故曰報陽○禮運云薦其血毛禮器云血毛詔於室郊特牲云毛血告幽全之物也又曰血祭盛氣也此皆謂初殺牲時取毛血以告於室也而注疏或以為在室或以為在堂而祭血有二時矣郊特牲云蕭合黍稷臭陽達於牆屋故既奠然後焫蕭合羶薌又云取膟膋燔燎祭義云燔燎羶薌覸以蕭光此皆謂饋孰之初也而注疏或以為饋孰時或以為朝踐時而燔燎有二時矣禮器云為祊于外郊特牲云祊之于東方又云索祭祝于祊統詔祝于室而出乎祊此皆謂正祭求神也而注疏或以為正祭或以為繹祭而祊有二名矣此皆先儒繆誤之說所當辨正者也

明水涗齊貴新也凡涗新之也其謂之明水也由主人之潔著此

水也。涗始銳反釋文作説鄭註涗齊或爲汎齊

涗猶清也凡酒初成必濁以清者和而泲之謂之涗涗齊謂五齊皆涗之新謂明潔也祭祀取明水於月及涗五齊之酒皆爲貴其明潔也凡涗新之也釋涗齊之義言主人之所以涗此酒者致其新潔以敬鬼神也其課謂之明水也以下又申明水之意著成也主人齊潔此水乃成以見所謂新者之不徒在乎外也

君再拜稽首肉袒親割敬之至也敬之至也服也拜服也稽首服之甚也肉袒服之盡也

孔氏曰言君所以再拜稽首及肉袒親割是恭敬之至極恭敬之至極乃是服順於親也拜服也又釋再拜之文拜者是服順於親也稽首服之甚也釋稽首之文拜既是服稽首首

至於地是服之甚極也肉袒服之甚也釋肉袒之文言心雖内服外貌不盡今肉袒去飾是服之竭盡也

祭稱孝子孝孫以其義稱也稱曾孫某謂國家也

孔氏曰祭稱孝孫對祖為言稱孝子對禰為言義宜也事祖禰宜行孝道故以義而稱孝也國謂諸侯家謂大夫既有國家之尊不但祭祖禰更祭曾祖以上但自曾祖以上惟稱曾孫而已言是曾重之孫

祭祀之相主人自致其敬盡其嘉而無與讓也

相謂詔侑也敬謂内心之肅嘉謂外儀之善庾氏蔚之曰賔主之道相告以揖讓之儀祭祀之禮則是主人自致其敬盡其善故詔侑尸者不告尸以讓是其無所讓也

腥肆爓腍祭豈知神之所饗也主人自盡其敬而已矣肆敕歷反腍而審反

廿

原寫本有已字孔疏同

鄭註爓或為膶

腥、腥肉也肆剔也謂豚解也士喪禮特豚四鬄去蹄兩胉一脊而為七也腥肉用豚解之法解之故曰腥肆爓湯沉也腍熟也爓與腍皆體解也祭祀或進腥或進爓或進熟豈知神之何所饗但主人自盡其敬心故偹用之以祭耳

舉斝角詔妥尸古者尸無事則立有事而后坐也尸神象也祝將命也釋文斝古雅反

鄭氏曰妥安坐也尸始入舉奠斝若奠角祝則詔主人拜妥尸使之坐尸即至尊之坐或時不自安則以拜安之也天子奠斝諸侯奠角愚謂特牲禮祭初設饌饗神祝酌奠于鉶南尸入即席坐主人拜妥尸尸答拜執奠祝饗夫子諸侯之祭於堂上行朝踐禮畢尸將入室亦先于室中設饌酌奠斝角

五丁五十二

所奠之爵也斝散爵名四升曰角尸入即席坐舉所奠之爵則主人拜以妥尸此饋食未食之先也楚茨之詩曰以為酒食以享以祀以妥以侑此妥尸當饋食之節明矣人君祭自灌獻始饋孰乃酌奠者盖鉶南之奠與祭饌俱設者也灌獻時無饌朝踐雖有籩豆而俎惟腥爓至合亨饋孰而俎簋籩豆備設于是奠觶鉶南鄭注特牲禮謂酒尊要成是也尸入舉奠盖以饌多不可偏執而酒所以要饌之成故特執之以示其饗之之意也祭初尸已入室而坐至此乃拜妥尸者盖灌獻一時之事耳自饋食以至祭末禮節多而為時久故恐尸之不安而拜以安之也少牢禮尸不執奠避人君也特牲禮拜妥尸尸答拜乃執奠此舉斝角乃拜妥尸人君禮與士異也古者尸無事則立有事而後坐謂夏時也有事謂飲食

廿一

既疑即

皆字據量人文改

燔脯當依周禮作脯燔

之事也言此者以明殷周以來尸既無事亦坐所以有拜妥尸之禮也尸神象者鬼神無形立尸以象之也祝將命者祝以傳達主人與神之辭命也○禮運醆斝及尸君非禮也則斝惟天子用之周禮鬱人與量人受舉斝之卒爵而飲之量人凡宰祭與鬱人受斝歷而遂飲之蓋鉶南之奠至上嗣舉奠飲之還洗酌入尸受祭之啐之奠之祭畢則鬱人量人飲之言舉斝之卒爵以見其為上嗣所飲而復奠之爵也歷與瀝同言斝歷以見其為尸所祭所啐之餘也飲奠斝之卒飲以鬱人與量人者蓋以嗣子舉奠食肝而量人制從獻之燔脯與鬱人和鬱鬯其事相成也然則天子酌奠用鬱鬯於此可見矣諸侯舉角雖於禮無考然斝角連文則其為諸侯禮可知解止為酬爵而角則特牲禮用以尺獻尸是角尊於觶

故少牢特牲禮皆奠觶而諸侯奠角也
縮酌用茅明酌也縮所六反
鄭氏曰謂泲醴齊以明酌也司尊彝曰醴齊縮酌五齊醴尤濁和之以明酌藉之以茅縮去滓也春秋傳曰爾貢包茅不入王祭不共無以縮酒明酌者事酒之上也酌猶斟也酒已泲則斟以實尊彝孔氏曰三酒之中事酒尤濁五齊之中醴齊尤濁故以事酒泲醴齊也不云泛齊者與醴齊同也愚謂周禮司尊彝凡六彝八尊之實鬱齊獻酌醴齊縮酌盎齊涚酌凡酒脩酌人君祭用鬱鬯五齊三酒惟三酒人所共知而鬱鬯五齊則自禮制久廢時人無有能知之者故記者就司尊彝之文釋之以曉人此釋醴齊縮酌之義也凡酒新成必濁用清者和之又用筐筥之器泲之以去其糟滓謂之涚又

廿二

用茅藉泲酒之罷謂之縮五齊皆涗而醴齊尤濁必縮而涗之乃可酌故曰縮酌縮醴齊用茅者取其潔白也曰明酌者言涗醴齊用事酒也○周禮五齊三酒鄭氏云泛齊者成而滓浮泛泛然如今宜成醪矣醴齊醴猶体也成而汁滓相將如今恬酒矣盎齊盎猶翁也成而翁翁然葱白色如今酇白矣醍齊者成而紅赤如今下酒矣沈齊者成而滓沈如今造清矣自醴以上尤濁盎以下差清事酒酌有事者之酒其酒則今之醳酒也昔酒今之酋久白酒所謂舊醳者也清酒今中山冬釀接夏而成

醆酒涗于清

此釋司尊彝盎齊涗酌之說也鄭氏曰謂涗醆酒以清酒也醆酒盎齊盎齊差清和以清酒泲之而已泲盎齊必和以清

吉田四三

酒者皆久味相得孔氏曰盎齊和以清酒而後泲之不用茅
以其差清醍齊沈齊泲之與醆酒同
汁獻涚于醆酒（釋文）汁之十反獻素何反（依注爲莎）
此釋司尊彝鬱齊獻酌之説也鄭氏曰謂泲秬鬯以醆酒也
獻當讀莎齊語聲之誤也秬鬯中有煮鬱和以盎齊摩莎泲
之出其香汁因謂之汁獻不以三酒泲秬鬯者秬鬯尊也
猶明清與醆酒于舊澤之酒也（釋文）澤音亦（依注讀爲醳）
鄭氏曰猶若也澤讀爲醳舊醳之酒謂昔酒也泲醴齊以明
酌泲醆酒以清酒泲汁獻以醆酒天子諸侯之禮也天子諸
侯禮廢時人或聞此而不知云若今明酌清酒與醆酒以舊
醳之酒泲之矣就其所知以曉之也泲清酒以舊醳之酒者
為其味厚腊毒也孔氏曰作記之時明酌清酒與醆酒皆泲

廿三

於舊醳之酒古禮廢亡就今日所知以曉古者泲酒之事愚謂凡酒速釀則味薄久釀則味厚味薄者尊味厚者卑反古復本之義也事酒因事而作成最速味最薄昔酒爲酋久白酒味差厚清酒冬釀接夏成味最厚泲酒之法皆以薄者涚於厚者而作記時以清酒涚于舊醳之酒則反是蓋爲清酒味過厚故用昔酒之稍薄涚之以殺其毒與他涚酒之意異也

祭有祈焉有報焉有由辟焉辟（釋文依註作）鄭讀爲弭亡婢反方（氏辟讀）婢亦反

鄭氏曰祈猶求也謂祈福祥求永貞也報謂若獲禾報社由用也辟讀爲弭謂弭災兵遠罪疾也方氏愨曰欲彼之有予也故有祈以求之若噫嘻祈穀於上帝載芟祈社稷之類是也因彼之有施也故有報以反之若豐年之秋冬報良耜之

秋報社稷是也慮彼之有來也故有辟以去之若月令之磔
攘開氷而用桃弧棘矢以辟去不祥是也於辟又言由者以
非祭之常禮或有所以而用之故也然禮器言祭祀不祈者
彼者之所言蓋為已耳此之所言主為民也

齋之立也以陰幽思也故君子三日齋必見其所祭者

齋之元謂齋服元冠元衣元裳也大夫士齋服元端元裳人
君元冕元衣元裳蓋元者幽陰之色陽明則發散於外幽陰
則收斂於內君子服以稱情齋服幽陰之色欲使稱其服以
專思慮於親也思慮專故三日齋必見其所祭者

禮記二十三卷　共乙萬二千乙百廿八字

連書面共廿六頁

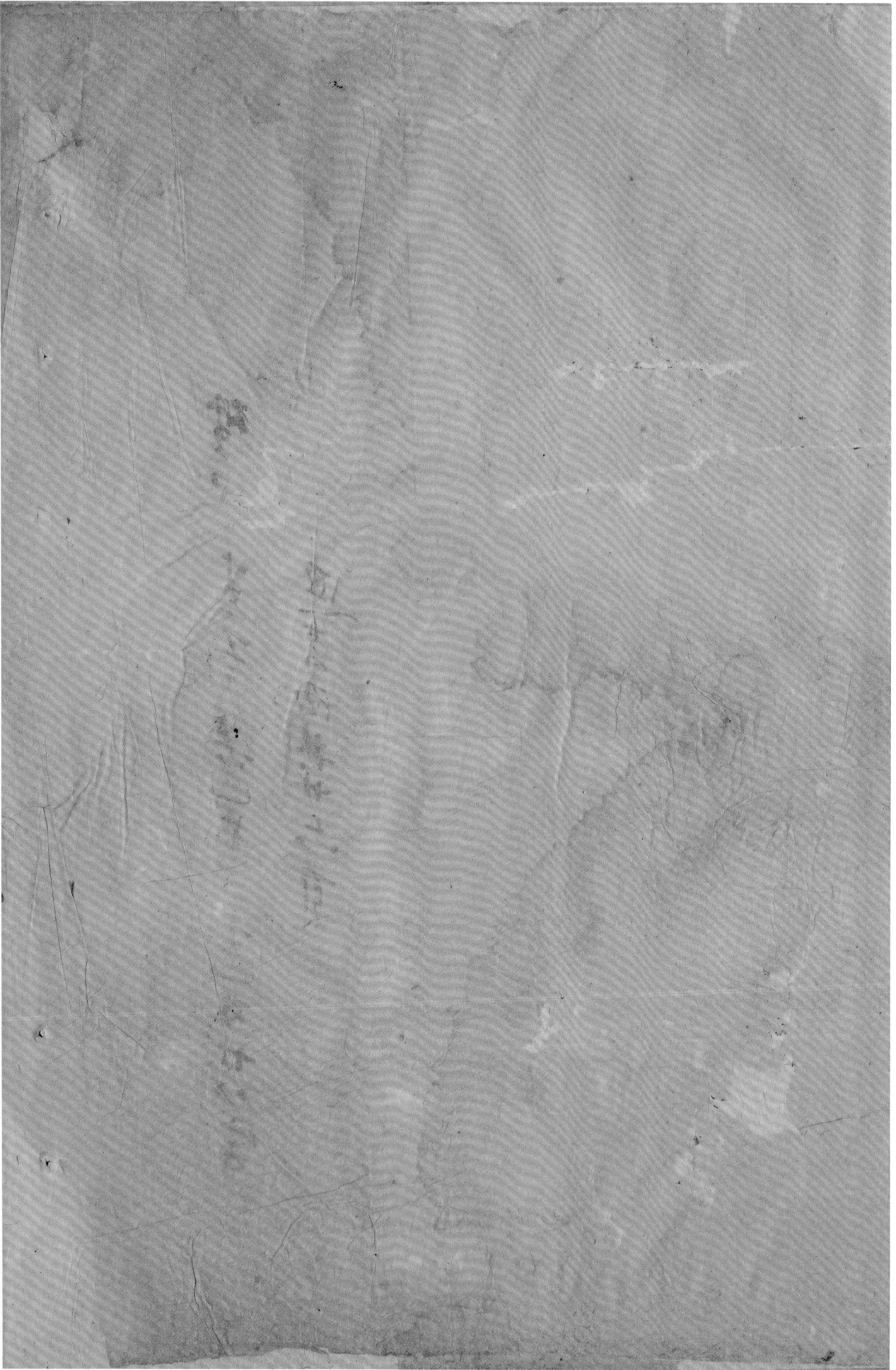

禮記卷二十七

八月二十四五日校至廿三葉　九月初三日校完

五百十

禮記卷二十七

孫希旦集解

内則第十二之一

朱子曰此古經也又曰鄭氏以為記男女居室事父母舅姑之法閨門之内儀軌可則故曰内則此必古者學校教民之書○趙氏師曰内則一篇文理密察法度精詳見古先聖王所以厚人倫美教化者無所不用其全某疑中間似有難看處如飯黍稷稻粱止士於坫一一節與上下文以不相蒙豈特載此因以著夫貴賤品節之差耶又凡養老止元衣而養老一節疑王制文重出不然亦豈先王之成法因子事父母而達之天下以及人之老耶又曾子曰孝子之養老也止至於犬馬盡然而況於人乎一節雖承上章養老之文而云然此篇既曰后王命冢宰降德于衆兆民則是古昔盛時朝廷

一

所下教命恐不應引曾子之言某疑他簡脫誤在此耳又凡養老五帝憲止皆有惇史一節疑簡錯或當在上文元衣而養老之下又淳熬止以稻米爲酏一節亦疑簡錯恐或當屬上文冬宜鱻羽膳膏羶及雉兎皆有芼之下自此外數節上下井井有條獨此未易曉暢愚謂自養老有虞氏以燕禮至皆有惇史與通篇所言不相比附而文體亦異疑係他篇脫簡若以淳熬接上士於坫一之下則通篇條理秩然矣

○后王命冢宰降德于衆兆民

鄭氏曰后君也德猶教也萬億曰兆天子曰兆民諸侯曰萬民周禮冢宰掌飲食司徒掌十二教今一名冢宰記者據諸侯也諸侯并六卿爲三或兼職焉孔氏曰君謂諸侯王謂天子蓋雖以諸侯爲主而雜以天子言之故又稱王及兆民也

五百九十也

飲食教令所掌各有別官今此篇內旣有飲食又有教令則
篇首當言命冢宰司徒今惟一云冢宰不言司徒是記者據
諸侯并六卿爲三司徒或兼冢宰之事也意疑而不定故稱
或焉朱子曰注疏言諸侯司徒兼冢宰是也但此言后王之
命則冢宰實天子之冢宰耳蓋周禮大宰掌建邦之六典而
二曰教典則教民雖司徒之職而冢宰無所不統故以其重
者言之其在諸侯則亦天子之宰施典於邦國而諸侯承之
以教其民自不害冢宰爲司徒之兼官也愚謂后王天子也
不言降教而曰降德者見王者身有此德乃降之以教于民
所謂有諸己而後求諸人也

子事父母鷄初鳴咸盥漱櫛縰笄總拂髦冠緌纓端韠紳搢笏左
右佩用左佩紛帨刀礪小觿金燧右佩玦捍管遰大觿木燧偪屨

二

以字據鄭注刪

著綦盥古玩反漱所救反櫛側乙反縰所買反又所綺反笄古兮反髦音毛緌耳佳反韠音必搢音晋又音薦笏音忽紛音芬或作帉帨始銳反觿許規反本或作鑴燧音遂捍戶旦反遰時世反徐作滯偪本又作幅彼力反屨九具反綦其記反下同

鄭氏曰：咸，皆也。縰，韜髮者也。總，束髮也，垂後為飾。拂髦，振去塵著之。髦用髮為之，象幼時鬌，其制未聞也。緌，纓之飾也。端，元端，士服也，庶人深衣。紳，大帶，所以自紳約也。搢猶扱也，扱笏於紳。笏所以記事也。佩用，自佩也。必佩者，備尊者使令也。紛帨，拭物之佩巾，今齊人有言紛者。刀礪，小刀及礪礱也。小觿，解小結也，觿貌如錐，以象角為之。金燧，可以取火於日。捍謂拾也，言可以捍弦也。管，筆彄也。遰，刀鞞也。木燧，鑽火也。偪，行縢。綦，屨繫也。孔氏曰：此子謂男子，以經云端、韠、紳、搢笏故也。盥謂洗手，漱謂漱口。此據年稍長者，若其孺子，則晏起而不能雞初鳴也。縰，韜髮者也。士冠禮云「緇纚長六尺」，鄭云「纚一

正義固作結按儀禮注亦作結

按自玦當作決至集說皆無之卅六字當用小字分行寫在遂也之下原稿不誤

幅長六尺足以韜髮而固之矣盧云所以裹髮承冠以全幅
疊而用之盧説為優笄者著縰既畢以笄揷之熊氏云此謂
安髻之笄以縰韜髮作髻既訖横施此笄於髻中以固髻也
故士喪禮云笄用桒長四寸纋中是也纋中謂殺其中使細
非固冠之笄故文在冠上總者裂練繒為之束髮之本垂餘
於髻後以為飾也此經所陳皆依事先後櫛訖加縰縰訖加
笄笄訖加總然後加髦著冠冠畢然後服元端著韠又加大帶也
刀礪與小觿連文故知刀為小刀玦當作决以象骨為之著
於右手大指所以鉤弦闓體拾以皮為之著於左臂以遂弦
故亦名遂也自玦當作決以下至此見集説與朱子儀禮經
傳通解所採孔疏全本禮記注疏及衛氏集説皆無之刀鞞
之刀大於左廂刀也晴則以金燧取火於日陰則以木燧鑽

三

以左旁用力不便故佩小物右廂用力為便故佩大物皇氏云屨頭施繫以為行戒或云屨上施繫以結於足也陳氏祥道曰詩曰赤帶在股邪偪在下蓋以帛邪纏於足故謂之邪偪所以自偪束也故謂之偪男子事父母有偪詩諸侯朝天子有偪則凡行皆有偪特婦人不用故婦事舅姑無偪朱子曰屨繫或說為是為行戒者約也愚謂子事父母謂男子已冠者也下文言男女未冠笄者而不顯女子已笄者之禮蓋女子笄則適人故畧之其或在室者則其禮與子婦同也婦人吉總尺有二寸則男子之總亦然刀皆有鞞左言刀右言遰互見之爾觿錐也字或作鑴是有以金為之者小觿以解小結大觿以解大結大觿與木燧相連蓋鑽燧亦用之也以金為之金燧考工記金錫半謂之鑒燧之齊是也司烜氏掌

五日六十七

火出於火疑當作火出於木

以夫遂取明火于日以鑒取明水于月鄭氏云夫遂陽遂也成伯璵謂冬至日子時鑄銅為鑒謂之陽遂夏至日午時鑄銅為鑑謂之陰鑒是金遂亦鑒類其狀相似欲取火則向冠日照之以引取其火也木燧以木為之春用榆柳夏用棗杏夏季用桑柘秋用柞楢冬用槐檀用鑴鑽之以出火論語云鑽燧改火是也火出於日者屬陽故金燧佩於左火出於火者屬陰故木燧佩於右左所佩凡五物奇數陽也右所佩凡六物偶數陰也○孔疏謂元冠有纓約有纓者無笄蓋以士冠禮皮弁爵弁有笄而於冠不言笄耳然士冠禮初加之冠乃大古之緇布冠其制質畧不獨無笄且無武矣未可據此以決元冠之制也冕弁有紘又有笄冠有纓何必無笄乎國語范武子以杖擊文子折委笄註謂委貌之笄則冠之有笄

四

據正義及儀禮注改

紟

見於此矣男子有二笄一為固髮之笄一為固冠之笄此言
笄在冠上則為固髮之笄而非固冠之笄也

婦事舅姑如事父母鷄初鳴咸盥漱櫛縰笄總衣紳左佩紛帨刀
礪小觿金燧右佩箴管線纊施縏袠大觿木燧衿纓綦屨箴之林反線本
又作綫息賤反纊音曠縏字又作鞶同步干反陳乙反又作帙衿
本又作紟其鴆反纓字又作纓

鄭氏曰笄今簪也衣紳衣而著紳縏小囊也縏袠言施明為
箴管線纊有之衿猶結也婦人有纓示繫屬也孔氏曰婦人
之笄喪服所謂女子吉笄尺二寸者也但婦人之笄異於上
男子笄縰乃皮弁爵弁之笄故鄭以簪解之也衣謂元綃衣
熊氏云袠刺也以針刺袠而為縏囊故云縏袠也餘物皆不
言施獨於箴管線纊之下而言施縏袠明為四物而施矣
鄭註士昏禮云婦人十五許嫁笄而字之因著纓明有繫蓋

釋文如字 母一本作 如事父母 衣如字又 於既反

二百十六

據集說改按二弁謂爵弁皮弁

以五采為之其制未聞未笄無纓下男女未冠笄者亦云衿纓彼用以佩容臭與此既笄之纓别也朱子曰婦人不冠所謂吉笄即為固髻之用亦名為簪而非如二笄之笄矣愚謂男子有二笄一以固髮一以固冠婦人惟有尺二寸之笄以固髮而因以為飾與男子之冠相當所謂男子冠而婦人笄也而孔氏乃以當皮弁爵弁之笄故朱子非之特牲禮主人服元端主婦笄纚綃衣是婦人之笄纚綃衣與男子之元端相當士大夫以元端為常服則其妻以笄纚綃衣為常服也婦人左佩五物巻與男子同右佩六物管大觿木燧與男子同餘三物則異盖玦捍用於射刀之大者用以割斷皆非婦人之所當佩而箴及線纊則女工之所有事也陳用之據士昏禮婿脱婦纓謂事舅姑之纓乃佩容臭之纓非許嫁之纓

五

然香纓惟男女未冠笄者有之上男子已冠者無此則婦人
可知昏禮脫纓蓋昏夕暫脫之耳非一脫不復著也

以適父母舅姑之所及所下氣怡聲問衣燠寒疾痛苛癢而敬抑
搔之出入則或先或後而敬扶持之進盥少者奉槃長者奉水請
沃盥盥卒授巾問所欲而敬進之柔色以溫之饘酏酒醴芼羹菽
麥蕡稻黍粱秫唯所欲棗栗飴蜜以甘之堇荁枌榆免薧滫瀡以
滑之脂膏以膏之父母舅姑必嘗之而后退燠本又作奥同於六反苛音何癢釋文作養以想反搔素刀反少詩名反後皆同奉芳勇反本或作捧下同長竹丈反溫本又作薀又作熅同於運反饘之然反酏羊支反芼毛報反蕡字又作虋扶云反徐扶畏反秫音述飴羊之反堇音謹荁音丸免音問薧字又作槀苦老反膏之膏古報反滫思酒反瀡音髓滑胡八反

鄭氏曰怡悅也苛疥也抑按搔摩也先後之隨時便也槃承
盥水者巾以涚手溫藉也承尊者必和顏色酏粥也芼菜也
蕡熬枲實甘之滑之膏之謂用調和飲食也荁堇類冬用堇

五百五十二

夏用荁榆白曰枌免新生者薧乾也秦人溲曰滫齊人滑曰
瀡父母舅姑必嘗之而後退敬也孔氏曰苛與癢連文故知
是疥搔者所以承藉於物言子事父母當和柔顏色承藉父
母若藻藉承玉然酏是粥之薄者則饘為厚者公食禮三牲
皆有芼牛藿羊苦豕薇用菜雜肉為羹也釋草云蕡枲實也
菽豆以下供尊者取食老皆須熟故云熬枲實也以甘之者
以此棗栗飴蜜以甘和飲食士虞禮記夏用葵冬用荁鄭注
云荁堇類也乾則滑夏秋用生葵冬春用乾荁此經堇荁相
對故知冬用堇夏用荁也釋木云榆白枌孫炎云榆白者名
枌庖人云共鱻薧之物鱻薧相對此經以免對薧薧既是乾
故知免為新生也鱻薧用禮據肉為言此則以堇荁等為免
薧以滑之者言以此數物相和滫瀡之令柔滑也凝者為脂

按如米上當依尒雅有子字原稿亦誤脫

釋者為膏以膏之者以膏沃之使之香美此等總謂調和飲食陸氏德明曰荁似堇而葉大方氏慤曰以甘之周官所謂調以甘以滑之周官所謂調以滑以膏之周官所謂膏香膏臊之類也愚謂槃以承盥水其盛水盖以匜左傳奉匜沃盥是也槃輕故少者奉之水重故長者奉之飴餳也米糵煎成亦謂之糖方言餳謂之糖是也爾雅秫粘粟也然凡黍稻之黏者皆謂之秫不獨粟也爾雅齧苦堇郭氏云今堇葵也如米汋食之滑唐本草云俗謂之蓳菜葉似蕺花紫色邢氏云本草云味甘云苦者古人語倒猶甘草謂之大苦也荁堇類榆刺榆也一名樞又名荎陸機云樞葉如榆為茹美滑於白榆是枌為白榆榆為刺榆枌榆之葉皆可為茹而刺榆尤美也下云命士父子異宮昧爽而朝則此不命之士至父女舅

五ず○八文

姑之所未昧爽也又下言命士以上昧爽而朝慈以旨甘日入而夕慈以旨甘此不命之士父子同宫在父母之所無時焉不可以朝夕限也若日入而慈以旨甘則亦當與命士同此不言者文畧爾○陳氏澔曰此篇所記飲食珍羞諸物古今異制風土異宜不能盡曉然亦可見古人察物之精用物之詳也

男女未冠笄者鷄初鳴咸盥漱櫛縰拂髦總角衿纓皆佩容臭昧爽而朝問何飲食矣若已食則退若未食則佐長者視具冠古亂反

鄭氏曰總角斂髮束之容臭香物以纓佩之為廹尊者給小使也具饌也孔氏曰臭謂芬芳香物庾氏云以臭物脩飾形容故曰容臭方氏慤曰臭香物蘭茝之類不佩用而佩容臭示未能即事也朱子曰恐身有穢氣觸長者故佩香物晏愚

七

[原稿亦誤褻作襫　按注疏改正　卑字按疏改]

謂下文言孺子蚤起則此男女未冠笄謂十年以上者十年出就外傳學幼儀則其習此禮宜矣容臭謂為小囊以容受香物也昧晴也爽明也昧爽謂天將明而未明時也昧爽而朝視成人差後也

凡內外雞初鳴咸盥漱衣服斂枕簟灑埽室堂及庭布席各從其事

[釋文]衣如字又去聲[於既反]簟徒點反灑本又作洒所買反又所賣反埽素報反

鄭氏曰斂枕簟不欲人見己襫[褻]者簟席之親身也孔氏曰此總論子婦而外婢[卑]賤之人爰及僕隸之等愚謂凡內外謂尊卑長幼莫不皆然也枕簟親身之物斂之者為其褻露且避塵汙也灑埽室堂及庭內外皆徧灑埽之也自室及堂自堂及庭先後之序也布席布坐席也各從其事內治內事外治外事也

五ㄋ十九

孺子蚤寢晏起食無時唯所欲

孺子小子也蚤寢不必嚮晦晏起不必鷄鳴食無時而無朝夕之常惟所欲而無品味之限蓋孺子血氣弱宜致培養故所以適其起居順其嗜欲者若此

由命士以上父子皆異宫昧爽而朝慈以旨甘日出而退各從其事日入而夕慈以旨甘

鄭氏曰異宫崇敬也慈愛敬進之孔氏曰此論命士以上事親異於命士以下之禮程子曰命士以上愈貴則愈嚴故異宫猶今有逐位非如異居也方氏慤曰尊卑之際辨則敬同則褻朝見曰朝夕見曰夕愚謂宫謂牆垣之所周也凡言宫有掾墻之起乎大門而北周者若昏義祖廟未毁教於公宫詩于以用之公侯之宫周禮小宰掌宫刑宫正掌王宫之戒

八

令糾禁是也有牆之寢起乎門而北周者若喪服傳有死於宮中者則為之三月不舉祭公羊傳羣公子之宮則已卑矣是也父子異宮謂牆之起乎寢門而北周者也不命之士姑以大夫士言之大門之內為正寢門正寢之得為燕寢燕寢之後為妻之正寢其旁為側室自燕寢以後雖各有門而正寢之門實遠而周乎其外不命之士其子之寢室雖則有門而包乎父之正寢門之內故謂之同宮命士父子各有寢門故謂之異宮異宮則父子之寢各有正寢燕寢側室之屬而其制脩同宮則惟父脩有此制而其子或惟有燕寢及妻之寢而已而其制簡昧爽而朝視不命之士稍晏也不命之士賤於父母抑父母搔沃盥之事皆親之故其朝宜蚤命士既貴其父母猥辱之事蓋僕御供之故其朝可稍晏也慈以

自此以上疑脱自士以上

旨甘即上節所言棗栗飴蜜諸物也但命士之物或當更脩耳日出而退視朝膳而退也退則各治其官事人君日出視朝此命士日出猶得侍親者疑人君視朝惟卿大夫及一官之長則每日皆朝餘則不必然唐宋官制有常參九參六參之别意古制亦如此爾日入又夕每日再朝也不命之士在父母之所無時命士父子異宫則其體嚴敬故其朝限以二時自此以上以至於世子之事親皆然世子記言朝夕至于大寢之門外是也日入而夕則當問親之夕膳而又慈以旨甘此又在夕食之後者也

父母舅姑将坐奉席請何鄉将衽長者奉席請何趾 鄉許亮反 釋文

鄭氏曰将衽謂更卧處也孔氏曰此論父母舅姑将坐将卧奉席之禮

九

少者執牀與坐御者舉几斂席與簟縣衾篋枕斂簟而襡之（釋文）縣音懸篋

口協反襡音獨

古人坐皆席地此云執牀與坐者蓋尊者意者偶然暫憩之所

用周禮掌次王大旅五帝則張氈案設皇邸賈疏謂氈案牀

上置氈是王於次中暫憩亦有牀也蚤旦親起之後斂卧席

布坐席則少者執牀與坐侍御之人執几以進之使長者暫

憩以待然後乃斂卧席等物也少者執牀則牀之制蓋不大

矩矣孔氏曰蚤旦親起侍御之人捧舉其几以進尊者使憑

之斂其所卧在下之席與上襯身之簟又縣其所卧之衾以

篋貯所卧之枕簟既襯身恐其污穢故以襡韜藏之席則否

父母舅姑之衣衾簟席枕几不傳杖屨祗敬之勿敢近敦牟卮匜

非餕莫敢用與恒食飲非餕莫之敢飲食（釋文）近附近之近去聲敦音對又丁雷

反牟本（木）侯反卮音支匜

本字據釋文改

巵字據正義改

饌據正義改

羊支反又以氏反

餕音俊

一音

鄭氏曰傳移也非餕莫敢用餕乃用之也牟讀曰整巵匜酒漿器敦牟黍稷器也非餕莫之敢食飲餕乃食之恒常也朝夕之常食孔氏曰父母舅姑之衣衾簟席枕几侍御之人停貯常處子婦不得輒更傳移令嚮他處杖屨是尊者服御之重彌須恭敬故祗敬之勿敢偪近敦今之杯盂也隱義曰整土釜也今以木為器象土釜之形巵酒器也匜盛水漿之属左傳云奉匜沃盥是也此論父母舅姑所用之物子婦不得輒用所恒飲食之食子婦不得輒食愚謂敦簋也巵以為杯盂非是敦牟巵匜非重物而不敢輒用恒飲食非珍饌而不敢輒食則其貴重者可知

器

十

父母在朝夕恒食子婦佐餕既食恒餕父没母存冡子御食羣子

婦佐餕如初旨甘柔滑孺子餕

鄭氏曰子婦恒餕婦皆與夫餕也每食餕而盡之末有原也御侍也謂長子侍母食也侍食者不餕其餘猶皆餕也孔氏曰佐餕者謂長子及長子之婦食必須盡以父母食不能盡故子婦佐助餕食之使盡勿使再進也羣子婦謂冢子之弟及衆子之婦佐餕如初者如上父母在子婦佐餕之禮愚謂子婦佐餕謂長子衆子及其婦皆佐餕也甘滑之物於孺子為宜故使孺子餕以此記觀之則士之禮夫婦共食矣大夫以上則同庖而各食與

在父母舅姑之所有命之應唯敬對進退周旋慎齊升降出入揖遊不敢噦噫嚏咳欠伸跛倚睇視不敢唾洟寒不敢襲癢不敢搔不有敬事不敢袒裼不涉不撅褻衣衾不見裏唯于癸反齊側皆反噦於月反噫於

界反嚏音帝咳苦爱反跛彼義反倚於義反又其寄反睇大計反唾吐卧反洟音夷釋文作涕吐細袒音但裼他歷反擨居衛反見賢遍反

應唯者不敢諾敬對者不敢慢升降于堂階出入於門戶揖俯身也游行也進退周旋於尊者之前則其心必肅敬其貌必齊莊升降出入雖於尊者稍遠亦必俯身而行而不敢縱肆其容體也噦氣逆聲噫飽食氣嚏噴嚏咳咳嗽欠張口出氣伸竦体也立而偏任一足曰跛依物曰倚睇視邪視也自口出為唾自目出曰涕自鼻出為洟襲重衣也敬事為尊者執勞事也袒裼露臂也擨揭衣也褻衣衾不見裏為其穢而不潔也此節言事父母恭敬之節也○孔氏玉藻疏云子於父以質為文故父母之所不敢袒裼愚謂至敬無文孔氏謂父母之前不裼是也但此所言裼襲自為別義與玉藻裼襲

土

不同玉藻所謂襲謂掩其中衣也此所謂襲謂重衣也玉藻所謂裼謂露其中衣也此所謂裼謂露臂也若混而為一則誤矣

父母唾洟不見冠帶垢和灰請漱衣裳垢和灰請澣衣裳綻裂紉箴請補綴五日則燂湯請浴三日具沐其間面垢燂潘請靧足垢燂湯請洗垢古口反漱素候反後同澣本又作浣户管反綻釋文作袒直莧反裂本又作列紉女陳反徐而陳反箴之林反綴竹劣反又竹衛反燂詳廉反潘芳煩反

鄭氏曰唾洟不見輒刷去之也手曰漱足曰澣愚謂唾洟不見恐父母見之而生憎穢也綻解也紉以線貫針也燂溫也潘米瀾也此節言事父母服勤之禮也

少事長賤事貴共帥時

帥循也時是也謂上二節所言之禮也○自篇首至此言事

五ナ十九

父母舅姑及尊長之法

○男不言內女不言外非祭非喪不相授器其相授則女受以篚其無篚則皆坐奠之而后取之外內不共井不共湢浴不通寢席不通乞假男女不通衣裳內言不出外言不入 釋文 篚非尾反湢彼力反本又作偪

鄭氏曰祭嚴喪遽不嫌也奠停地也湢浴室也孔氏曰祭是嚴敬之時喪是促遽之所於是之時不嫌男女有媟邪之意恩謂內謂內事外謂外事在內言內在外言外各治其事而不得相預也其相授謂非喪祭而相授也男不言內女不言外所以別男女之職內言不出外言不入所以嚴內外之限

男子入內不嘯不指夜行以燭無燭則止女子出門必擁蔽其面夜行以燭無燭則止 釋文依註音 嘯舊讀叱今如字 ○按嘯

鄭氏曰嘯讀為叱嫌有隱使也孔氏曰常事以言語處分是顯

十二

使人也如有姦私恐人聞知不以言語但諷叱而已故云嫌有隱使也愚謂嘯蹙口出聲也不嘯不指為其聲容不肅且惑人也夜行必皆以燭者所以遠暗昧之嫌也

道路男子由右女子由左

此謂宮中之道路也地道尊右男子由右女子由左蓋以相避遠而因以為尊卑之別也○自男不言內至此論男女遠嫌厚別之法朱子移於男不入女不出之下

○子婦孝者敬者父母舅姑之命勿逆勿怠若飲食之雖不耆必嘗而待加之衣服雖不欲必服而待加之事人代之已雖弗欲姑與之而姑使之而后復之飲於鴆反食音嗣耆市志反

鄭氏曰嘗而待後命而去也服而待待後命釋藏也朱子曰弗怠弗逆此謂之不可變節以傷尊者平日慈愛之心也人

五丁十六

代之而弗欲者慮以自逸而違命姑與姑使者嫌於怨懟而必爭愚謂子婦之孝敬者必為父母舅姑之所愛恐其恃愛而驕故戒以勿逆勿怠人代之也弗欲者為其所為不必能如已之意也姑與之者姑聽其代也姑使之者姑以已之意敎使之也而後復之者俟代者休解而後復其本業於已也

加之事人代之者謂尊者既命之事又惜其勞而使

凡此皆勿逆勿怠之事也

子婦有勤勞之事雖甚愛之姑縱之而寧數休之　縱本又作從足用反數色角反

釋文

鄭氏曰不可愛此而移苦於彼也

子婦未孝未敬勿庸疾怨姑敎之若不可敎而后怒之不可怒子放婦出而不表禮焉

鄭氏曰庸之言用也怒譴責表猶明也猶為之隱不明其犯禮之過也愚謂子放婦出不可怒謂怒之而不從命也子放

十三

婦出而不表忠厚之道也○應氏鏞曰自子婦孝者敬者以下勉子婦之孝於父母舅姑自子婦有勤勞之事而下勉父母舅姑之慈於子婦

父母有過下氣怡色柔聲以諫諫若不入起敬起孝悅則復諫不悅與其得罪於鄉黨州閭寧孰諫父母怒不說而撻之流血不敢疾怨起敬起孝說音悅

下怡柔皆和順之意所謂事父母幾諫也起者悚然興起之意諫之所以不入者必已之孝敬有未至故復興起其孝敬冀以感動乎親而復進其說也有隱無犯者雖事親之道而陷親不義者乃不孝之大故父母之過足以得罪於鄉黨州閭者雖不說而必圖復諫雖犯顏而有所不憚也孔氏曰犯顏而諫使父母不說其罪輕畏懼不諫使父母得罪於鄉黨

州閭其罪重二者之間寧可孰諫謂純孰殷勤而諫若物之成孰然此一節論父母有過諫諍之禮

父母有婢子若庶子庶孫甚愛之雖父母沒沒身敬之不衰

婢子賤妾也檀弓陳乾昔曰使夫二婢子夾我是也若及也

高氏愈曰父母愛而已則敬之重親之意愛之不足以盡其意故也

子有二妾父母愛一人焉子愛一人焉由衣服飲食由執事毋敢視父母所愛雖父母沒不衰

高氏愈曰由自也視比也親之所愛服食厚而執事常逸已之所愛服食薄而執事常勞不敢以已之所愛並於親也

子甚宜其妻父母不說出子不宜其妻父母曰是善事我子行夫婦之禮焉沒身不衰

高氏愈曰：宜猶善也。出謂出其妻也。行夫婦之禮者，恩情不敢稍殺也。宜與不宜，子與父母未知孰是，然人子之心，即父母之僻惡僻愛，而亦不敢有所違，順親之道當然也。愚謂婦以事舅姑也，能事舅姑則婦，不能事舅姑則不婦，而其他事之得失有不必計矣。此以上三節言為人子者當以父母之愛惡為愛惡，雖婢妾庶孽之微賤，而有所不敢忽，雖妻妾之親私，而有所不敢專，至於父母沒而不衰焉，則又事死如事生之孝也。

父母雖沒，將為善，思貽父母令名，必果；將為不善，思貽父母羞辱，必不果。貽，以之反。

高氏愈曰：貽，遺也。為善未決，去惡未勇，人情之常也。喜其榮親則善必為，惡其辱親則惡必去。榮辱不繫於其身而繫於

親蓋孝子之心如此

舅沒則姑老冢婦所祭祀賓客每事必請於姑介婦請於冢婦介音界

老謂傳家事於長婦也男子七十而傳婦人之傳重則不係於已之年而係於其夫蓋祭必夫婦親之夫沒則妻不得不傳重矣每事必請於姑者婦雖受傳猶不敢專行也介婦衆婦也介婦請於冢婦以其代姑統家事也

舅姑使冢婦毋怠不友無禮于介婦

鄭氏曰善兄弟曰友娣姒猶兄弟也愚謂友猶愛也不友無禮皆怠之所生也怠於事而以勞加介婦則不友矣怠於敬而以慢加介婦則無禮矣舅姑使冢婦冢婦不可以已之尊而懈怠以至不友無禮于介婦也

舅姑若使介婦毋敢敵耦於冢婦不敢並行不敢並命不敢並坐

命謂使令其下舅姑使介婦介婦不可以舅姑之任己而敵耦於冢婦至於並行並命並坐而皆不敢焉其所以尊冢婦者至矣蓋冢婦即異日之宗婦介婦所宗而事之者故雖未受傳而所以敬之者如此此二節言冢婦介婦相與敬事之道蓋家人睽常起于婦人誠使為冢婦者能屈己以下介婦為介婦者能盡禮以事冢婦彼此各盡其道而家無不和矣

凡婦不命適私室不敢退婦將有事大小必請於舅姑

鄭氏曰婦侍舅姑者也必請於舅姑不敢專行高氏愈曰凡婦通冢婦介婦而言私室婦所居室也事謂私事私室不敢擅退私事大小必請蓋重舅姑之命如此

子婦無私貨無私畜無私器不敢私假不敢私與 [釋文] 畜敕六反又許又反反許六反

畜養牲也假以物借人與以物遺人也鄭氏曰家事統于尊
也
婦或賜之飲食衣服布帛佩帨茝蘭則受而獻諸舅姑舅姑受之
則喜如新受賜若反賜之則辭不得命如更受賜藏以待乏茝本又作
芷昌改反又昌以反
婦或賜之者謂其私親兄弟也茝蘭皆香草可佩者新初也
如初受賜者如其初受於私親兄弟之時盖物之藏於舅姑
不啻其藏於已也不得命不見許也如更受賜者如更受舅
姑之賜盖物雖出於私親兄弟不啻其出於舅姑也藏以待
乏者待舅姑之乏而獻之也此言婦受賜之法所以申上無
私貨三句之意
婦若有私親兄弟將與之則必復請其故句賜而后與之

十六

復白也。復請其故者，謂以當與之故白請於舅姑，舅姑賜之

物而後與之。此申上不敢私假、不敢私與之義。

適子庶子祗事宗子宗婦，雖貴富，不敢以貴富入宗子之家，雖衆

車徒舍於外，以寡約入。

適子，謂父及祖之適子。庶子，謂適子之弟。宗子，謂大宗也。宗

婦，大宗子之婦。舍，止也。舍於外而不敢畢入，所以降下於宗

子也。

子弟猶歸器衣服裘衾車馬，則必獻其上，而后敢服用其次也。若非

所獻，則不敢以入於宗子之門，不敢以貴富加於父兄宗族。

鄭氏曰：猶，若也。子弟若有功德，以物見饋賜，當以善者與宗

子也。非所獻，謂非宗子之爵所當服也。愚謂貴富驕人，無往

而可，故非但不敢以入宗子之家，至於父兄宗族皆不可以

四百八十四

此加之也

若富則具二牲獻其賢者於宗子夫婦皆齊而宗敬焉終事而后敢私祭釋文齊側皆反

孔氏曰賢猶善也大宗將祭小宗夫婦皆齊戒助祭於大宗以加敬焉大宗祭畢而後敢私祭祖禰也此文雖主事大宗事小宗者亦然愚謂宗子者先祖之正體尊祖故敬宗此上三節言事宗子宗婦之禮又因事父母之孝敬而推而廣之者也

○飯黍稷稻粱白黍黄粱稰穛釋文稰思呂反穛側角反

鄭氏曰飯目諸飯也孰穫曰稰生穫曰穛孔氏曰此飯凡有六種下云白黍則上黍是黄黍也下云黄粱則上粱是白粱也穛是斂縮之名以其生穫故斂縮也稰既對穛故為孰穫

十七

當作麥苽按正義

愚謂稰穛者，言六種之飯其穀皆有生穫孰穫之異也。○孔氏曰：案玉藻諸侯朔食四簋，黍稷稻粱，此則據諸侯，其天子則加以苽麥（麥）為六。愚謂諸侯朔食四簋，天子六簋，皆黍稷也。蓋食以黍稷為正，以稻粱為加，四簋六簋惟據其正者言之，其加者不在此數也。膳夫天子食用六穀，則朔食自當有苽麥（麥），但不在六簋之數耳。

膳：腳，臐，膮，醓牛胾，醓牛膾，羊炙，羊胾，醓豕炙，醓豕胾，芥醬，魚膾，雉，兎，鶉，鷃。腳音香，臐許云反，膮許堯反，胾側吏反，膾古外反，鶉順倫反，鷃音晏。

釋文　字林火侯反　炙章夜反　芥徐姬邁反

鄭氏曰：膳，目諸膳也。此上大夫之禮，庶羞二十豆也。以公食大夫禮校之，則膮牛炙間不得有醓，醓衍字也。又以鷃為鴽。孔氏曰：案公食大夫禮二十豆，腳一，謂牛臛也；臐二，謂羊臛也；膮三，謂豕臛也；牛炙四。四物共為一行，最在於北，從西

五百五十六

牟作鴾按正義

按緖本作繹寃物曲陳之曰繹鄭注儀禮皆用繹字
為始醢五謂肉醬也牛胾六謂切牛肉醢七牛膾八四物為
第二行從東為始羊炙九羊胾十醢十一豕炙十二四物為
第三行從西為始醢十三豕胾十四芥醬十五魚膾十六四
物為第四行從東為始以上十六豆是下大夫之禮也雉十
七兎十八鶉十九鷃二十四物為第五行從西為始此是上
大夫所加二十豆公食大夫禮鷃以為鴽鴽牟鳥毋也愚謂醢
醬皆所以配胾膾也此饌緖設之膷臐膮牛炙最在北牛炙
南醢醢西牛胾醢為牛胾設也牛胾西醢醢西牛膾醢為牛
膾設也牛膾南羊炙炙東羊胾胾東醢醢為羊胾設也羊胾
東豕炙豕炙南醢醢西豕胾醢為豕胾設也胾西芥醬醬西
魚膾芥醬為魚膾設也公食大夫記云凡炙無醬

六

飲重醴稻醴清糟黍醴清糟粱醴清糟或以酏為醴黍酏漿水醷

濫重直龍反糟子曹反徐沮到反醷本又作臆於紀反徐於力反濫力暫反

鄭氏曰飲目諸飲也重陪也糟醇也清泲也致飲有醇者有泲者陪設之也以酏為醴釀粥為醴也醫漿酢截也醷梅漿也濫以諸和水也以周禮六飲校之則濫涼也紀莒之間名諸為濫孔氏曰漿人六飲有涼注云涼今寒粥若糗飯雜水也康成以涼與濫為一物則此以諸和水謂以諸雜糗飯之屬和水也諸者衆雜之名案漿人六飲一曰水則此經水一也二曰漿則此經漿一也三曰醴即此經重醴一也四曰濫則此經濫一也五曰醫則此經或以酏為醴一也六曰酏則此經黍酏一也六飲之外此經別有醷若鄭司農之意醷與醫為一物即以酏為醴者非康成意也康成以醷為梅漿者見下文云調之以醢及醯醷則醷是醯之類又云獸用梅故

知梅漿也愚謂或以酏為醴此即上文之重醴而為之異法者康成注漿人以此為醫非是蓋醷為梅漿當從康成醫醷一物當從司農黍酏以黍為粥也水即井水也此飲凡六物與醫漿人六飲相當醴一酏二漿三水四濫五即漿人之凉醷六即漿人之醫也

按經文次序此末二句疑當作醷五即漿人之醫六即漿人之凉也

酒清白

鄭氏曰酒曰諸酒也白事酒昔酒也孔氏曰清謂清酒事酒昔酒俱白故以一白標之配清酒則為三酒此無五齊者五齊祭祀所用非人常用故也

為字依衛氏集說增文義較明

羞糗餌粉酏釋文糗起九反又昌糾反餌音二酏讀曰為餰之然反又作餰又之善反

鄭氏曰羞目諸羞也周禮羞籩之實糗餌粉餈羞豆之實酏食糝食此記似脫酏當為餰以稻米與狼臅膏為餰是也孔

十九

依正義補此文義始明摶字依衛氏集說較摶字義長

氏曰案周禮羞籩之實糗餌粉餈鄭註云合蒸曰餌餅之曰餈此二物皆粉稻米黍米為之糗者擣粉熬大豆為餌餈之黏著故以粉糗摶之周禮粉下有餈今無者記人脱漏更以酏益之酏者亦周禮羞豆之實也自當作餰餈若黍酏則是粥非膳羞之用此酏與糝食文連則是糝類八珍內作糝與餈其事亦相連故知馳當作餰且餰雖雜以狼臅膏亦粥之般類愚謂羞有庶羞內羞上文膳是庶羞此言內羞也此云羞蓋總籩豆之內羞而言之當云糗餌粉餈酏食糝食而粉下脱去一字酏下脱去三字也

食蝸醢而苽食雉羹麦食脯羹雞羹折稌犬羹兎羹和糝不蓼濡豚包苦實蓼濡雞醢醬實蓼濡魚卵醬實蓼濡鼈醢醬實蓼腶脩蚳醢脯羹兎醢麋膚魚醢魚膾芥醬麋腥醢醬桃諸梅諸卵鹽蝸刀

〔朱批：鄭注上有○〕〔朱批：齊據注疏改〕〔朱批：原写本不脫〕

弋反苽音孤本又作菰析之列反稌音杜〔朱批：徐他古反〕和和卧反糝三敢反蓼音了濡音而醢音海本又作醓呼兮反卵〔朱批：卵〕醬卵音鯤古門反腶丁亂反蚳直其反卵鹽卵力管反○鄭注卵或作擱膚或為胖

鄭氏曰食日人君燕食所用也苽雕胡也稌稻也凡羹食宜〔朱批：齊〕五味之和米屑之糝蓼則不矣此腩所謂析乾牛羊肉也凡濡謂亨之以汁和也苦苦荼也以包豚殺其氣也卵讀為鯤魚子也腶脩捶脯施薑桂也蚳蚍蜉子也膚切肉也卵鹽大鹽也自蝸醢至此二十六物似皆人君燕所食也其饌則亂

孔氏曰此節總明人君燕食所用以蝸為醢以苽米為飯以雉為羹三者味相宜以麥為飯析脯為羹又以雞為羹三者〔朱批：細析稻米為飯以犬兔為羹此三者亦味相宜〕亦味相宜和糝不蓼者此等之羹宜以五味調和米屑為糝不須加蓼也濡亨煑之以其汁調和也知卵讀為鯤者鳥卵非為醬之物蚳醢是蚍蜉之子卵醬承濡魚之下宜是魚之

般類故讀為鯤鯤魚子也濡豚包裹以苦菜殺其惡氣濡雞加以醢及醬濡魚以魚子為醬濡鱉亦加醢及醬四者皆破開其腹實蓼於其中更縫而合之以煮也食腶脩以蚳醢配之食脯羹以兔醢配之食麋膚以魚醢配之食魚膾以芥醬配之食麋腥以麋醢配之食桃諸梅諸以卵鹽配之麋膚熟肉麋腥生肉也諸菹也桃菹梅菹今之藏桃藏梅也欲藏之必先乾之故周禮謂之乾藤鄭謂桃諸梅諸是也自蝸醢至此二十六物蝸醢一苽食二雉羹三麥食四脯羹（五雞羹）六折稌七犬羹八兔羹九濡豚十濡雞十一濡魚十二濡鱉十三自此以上醢與醬皆和調濡漬雞豚之屬故不數自此以下醢及醬各自為物但相配而食故數之腶脩十四蚳醢十五脯羹重出兔醢十六麋膚十七魚醢十八魚膾十九芥醬二十麋

腥二十一醢二十二醬二十三桃諸二十四梅諸二十五卵
鹽二十六掌客諸侯相食皆鼎簋十有二其正饌與此不同
其食臣下則公食大夫禮具有其文與此又異故疑是人君
燕食上陳庶羞依牲大小為先後此不依牲之次第又飯食
在簋醢羹之属在豆是上下雜亂也愚謂人君燕食得用此
諸物然每用自有常数非一食盡用之也濡雞醢醬實蓼醢
醬承濡雞之下即雞之醢醬也濡鱉之醢醬即鱉之醢醬也
麋腥醢醬即麋之醢醬也服脩乃籩實不用於食此與下大
夫有脯無膾皆以脯用於食者案八珍中之熬有濡食乾食
之異熬捶而加薑桂鄭氏以為若今之火脯是脯脩有濡食
之法則其用於食者也其皆釋而煮之以醢而盛之則以豆
與麋腥謂生切麋肉以醢釀之即下文麋鹿魚為葅是也周

禮之乾橑亦籩實也此桃諸梅諸孔氏以為菹蓋亦用醯釀之者故用之於食也

凡食齊視春時羹齊視夏時醬齊視秋時飲齊視冬時齊去聲

鄭氏曰食宜温羹宜熱醬宜凉飲宜寒

凡和春多酸夏多苦秋多辛冬多鹹調以滑甘

鄭氏曰多其時味以養氣也周禮註曰各尚其時味而甘以成之猶木火金水之成於土孔氏曰經方春不食酸夏不食秋不食辛冬不食鹹謂時氣壯者減其時味以殺盛氣此恐氣虛羸故多其時味以養氣也

牛宜稌羊宜黍豕宜稷犬宜粱鴈宜麥魚宜苽

鄭氏曰言其氣味相成孔氏曰上云折稌用犬羹此云牛宜稌犬宜粱者此據尊者正食上據人君燕食以滋味為美

故不同自食齊至春時至此皆周禮食醫文而記者載之論
調和飲食之法劉氏彛曰周官食醫掌和王之六食六飲六
膳百羞百醬八珍之屬而曰凡君子之食恒放焉此大司徒
以施諸教人子皆視此以養親也

春宜羔豚膳膏薌夏宜腒鱐膳膏臊秋宜犢麛膳膏腥冬宜鮮羽
膳膏羶〔釋文〕薌音香腒其居反鱐本又作䐹所求反臊素刀反麛音迷羶升然反（腥音星說文作胜）

鄭氏曰腒乾雉也鱐乾魚鮮生魚羽鴈也此八物四時肥美
為其太盛煎以休廢之脂膏和之節其氣也牛膏薌犬膏臊
雞膏腥羊膏羶鄭氏註周禮大宗伯曰牛屬司徒土也雞屬
宗伯木也犬屬司冠金也羊屬司馬火也孔氏曰此記庖人
論四時煎和膳食之宜以王相休廢相參其味乃善春為木
王牛中央土畜東方木木尅土木盛則土休廢犬屬西方金

廿二

溼字據疏改

周禮云下似當有行字
同據疏改

夏南方火火尅金火盛則金休廢雞屬東方木秋西方金金尅木金盛則木休廢羊屬南方火冬水王水尅火水盛則火休廢周禮鄭注云羔肥（豚）物生而肥犢麝（麛）物成而充腒鱐暵熱而乾魚鴈水涸而性定此八物者得四時之氣尤盛為人食之弗勝是以用休廢之脂膏煎和膳之義與此同士相見禮云冬執雉夏執腒故知腒為乾雉周禮籩人云膴鮑魚鱐鱐與鮑相對鮑為溫（溼）魚故知鱐是乾魚也鱐既為乾魚故鮮為生魚也月令云季冬獻魚又王制獺祭魚然後漁人入澤梁是冬魚成也羽族既多而冬来（來）可食者惟鴈故知羽鴈也周禮云（行）謂行用此云宜謂氣味相宜其事用（同）也賈氏公彥曰殺牲謂之用煎和謂之膳五行春木王火相土死金囚水為休廢夏火王土相金死水囚木為休廢以下推之可知王所尅

據正義改

按本疏作皆以藿葉起之而不細切

者死相所剋者因新謝者為休廢若然獨所膳膏皆是死之脂膏鄭云休廢者相對死與休廢别散則死亦為休廢故鄭以休廢言之

牛脩鹿脯田豕脯麋脯麕脯麋鹿田豕麕皆有軒雉兎皆有芼爵鷃蜩范芝栭蔆椇棗栗榛柹瓜桃李梅杏楂棃薑桂麕九倫反本又作麇又作麐軒音憲蜩音條栭音而本又作檽蔆音陵椇音矩榛側巾反柹音俟楂側加反鄭註軒或為胖

鄭氏曰軒讀為憲憲謂藿葉切也蔆芰也椇枳椇也棃之不臧者此三十一物皆人君燕食所加庶羞也周禮天子羞用百有二十品記者不能備録孔氏曰麋鹿田豕麕非但可為脯又可腥食皆藿葉切之而不細切故云皆有軒不言牛者牛惟可細切為膾不宜為軒也雉兎皆有芼者雉羮兎羮皆有菜以芼之無華實而生者曰芝檽賀氏曰芝木椹栭軟棗也

愚謂孔氏以芝栭為一則為三十一物賀氏以芝栭為二則為三十二物未知孰是脩脯蔆棗栗榛桃梅皆籩人之籩實也芝栭椇柿瓜李杏楂梨蓋亦盛之以籩而不見於籩人則此乃人君私燕所用也麋鹿田豕麕之軒及雉兎爵鷃蜩范庶羞也皆用以食者也上大夫庶羞二十豆惟有雉兎及鷃則此人君所用庶羞也薑桂二者則調和羞膳及為腶脩皆用之鄭以此三十一物並為庶羞非也庶羞盛於豆皆濡物無脯脩之屬也

大夫燕食有膾無脯有脯無膾士不貳羹胾庶人耆老不徒食

燕食謂朝夕常食周禮膳夫王燕食則奉膳贊祭賈疏燕食朝夕常食是也孔氏分燕食與朝夕常食為二非是脯為籩實凡食無籩惟飲酒有之此大夫燕食乃有脯者蓋燕食物

不必循或偶無膾則得以脯代之蓋釋而煎之以醢而盛之則以豆也貳重也士燕食得有羹胾而不得重設也胾出於牲士朔食惟特豚則不得貳胾矣六十曰耆庶人耆老不徒食者六十非肉不飽食得有胾非六十者不得食也羹則庶人皆有之下云羹食無等是也

按宋本作葱今阮本同吳本作蔥此或从宋本不必改从蔥

膾春用蔥秋用芥豚春用韭秋用蓼脂用蔥膏用薤三牲用藙和用醯獸用梅鶉羹雞羹鴽釀之蓼魴鱮烝雛燒雉薌無蓼薤戶界反本又作䪥藙魚氣反和戶臥反鶉羹本無羹字魴音房鱮音敘雛仕俱反皇氏烝字燒字雉字薌字為句賀氏讀魴鱮烝雛為句孔氏同皇今從之

鄭注作切雜

鄭氏曰此言調和菜釀之所宜也芥芥醬也藙煎茱萸也漢律會稽獻焉爾雅謂之榝三牲和用醯畜與家物自相和也獸用梅亦野物自相和釀謂雜切之也鴽在羹下烝之不羹

廿四

煙據注正義改　據疏改　據正文當作醢

也鄭蘇荏之屬也燒烟於火中也孔氏曰上云魚膾芥醬則謂秋時用芥芥辛於秋宜也雉兎羹者謂用雉用兎為羹鴽惟烝煮之不以為羹故文在羹下三者皆釀之以蓼魴鱮二魚皆烝熟之雛是鳥之小者火中燒之然後調和若今之臟也雉或烝或燒或可為羹其用無定故直云雉言魴鱮烝及雛燒并雉三者調和惟以蘇荏之屬無用蓼也愚謂此論調和之宜與魚膾芥醬食時相配者不同也膾春用葱即下文云肉腥細者為膾切葱若薤實諸醯以柔之是也若秋則用芥豚秋用蓼即上文濡豚包苦實蓼是也若春則用韭自葱至蓼五者皆用以釀醢及梅則用以和也用菜謂之釀用醯酸之屬謂之和釀者雜之以亨煮和則既熟而和之也

不食雛鱉狼去腸狗去腎狸去正脊兎去尻狐去首豚去腦魚去

按本疏改

原本有九字

五百四十六

乙鼈去醜去並起呂反尻苦刀反腦如老反

釋文

鄭氏曰皆為不利人也雛鼈伏乳者乙魚体中害人者名也今東海鰫魚有骨名乙在目旁狀如篆乙食之鯁人不可出醜竅也陸氏佃曰狼腸直狗腎熱狸脊上一道如界兎尻有九孔豕俯精聚在腦醫方云豕腦食之昏人精神方氏慤曰爾雅魚腸謂之乙餒自腸始故去乙

肉曰脫之魚曰作之枣曰新之栗曰撰之桃曰膽之柤梨曰攢之

釋文

膽丁敢反攢再官反本又作鑽

鄭氏曰皆治擇之名也孔氏曰肉曰脫之者皇氏云除其筋膜取好處爾雅李巡註云去其骨曰脫郭氏云剝其皮魚曰作之者皇氏云作謂動摇也凡取魚摇動之視其鮮餒爾雅李巡註云作之魚骨小無所去郭氏爾雅今本作蕲之注云

廿五

謂削鱗也棗曰新之者棗易有塵埃恒治拭之使新栗曰撰之者栗蟲好食數數布揀撰省視也桃曰膽之者桃多毛拭去之令色青滑如膽也或曰謂若桃有苦如膽者擇去之柤梨曰攢之者恐有蟲故一一攢視其蟲孔也

牛夜鳴則庮羊泠毛而毳羶狗赤股而躁臊鳥皫色而沙鳴鬱豕望視而交睫腥馬黑脊而般臂漏庮音由泠音零毳昌鋭反皫本又作皫普表反沙如字又所嫁反睫音捷腥音星字林音先定反般音班臂本又作擘必避反漏音螻力侯反鄭注

鄭氏衆曰庮朽木臭也鄭氏曰亦皆不利人也庮惡臭也春秋傳曰一薰一庮泠毛毳毛别聚旃不鮮者也赤股股裏無毛也皫色毛變色也沙猶嘶也鬱腐臭也望視遠視也腥當為星聲之誤也星肉中如米者般臂前脛般之然也漏當為螻如螻蛄臭也孔氏曰庮是臭惡之氣牛若夜鳴則其肉庮

五寸字五

臭泠謂毛本希泠毳謂毛頭結聚羊若如此則其肉羶氣赤
股股裡(裏)無毛躁謂舉動急躁狗若如此則其肉臊惡鱇色色
變而無潤澤沙嘶也謂鳴而聲嘶鳥若如此則其肉腐臭望
視謂豕視望揚交睫謂目睫毛交豕若如此則其肉如星黑
脊謂馬脊黑般臂謂馬之前脛其色般般然馬若如此其肉
如螻蛄臭也愚謂此周禮內饔文說文腥臊之腥作胜腥字
云星見食豕令肉中生小息肉也是腥者豕生小肉如星故
從肉從星
雛尾弗(不)盈握弗食舒鴈翠鵠鴞胖舒鳧翠雞肝鴈腎鴇奥鹿胃鵠胡(釋文)
篤反鴞吁驕反胖音判鴇音保奥於六反胃音謂字又作膶鄭註
鵠或為鴇
鄭氏曰舒鴈鵝也翠尾肉也胖脅側薄肉也舒鳧鶩也奥脾
肶也孔氏曰此廣言不堪食之物亦為不利人也奥謂脾肶

廿六

藏之深奥處愚謂上節所言全体之不可食者因物形之變而察之也此節所言一体之不可食者據物理之常而知之也

肉腥細者為膾大者為軒或曰麋鹿魚為菹麕為辟雞野豕為軒兎為宛脾切葱若薤實諸醯以舉之腥音星字林作胜辟必益反徐芳益反軒音献宛于晚反脾婢支反醯呼兮反本或作醓鄭註軒或為胖宛或作欝

鄭氏曰細者為膾大者為軒言大切細切異名也膾者必先軒之所謂聶而切之也軒辟雞宛脾皆菹類也釀菜而柔之以醯殺腥肉及其氣今益州有鹿矮者近由此為之矣釋文云益州人殺鹿埋地中令臭乃出食之名鹿矮矮於僞反菹軒聶而不切辟雞宛脾聶而切之孔氏曰凡大切若全物為菹細切者為齏牲体大者菹之小者齏之麋鹿魚為菹野豕為軒是菹也辟雞宛脾是齏

也少儀曰麋鹿為菹野豕為軒皆牒而不切麕為辟雞兔為宛脾皆牒而切之是菹大而齏小也少儀不云魚此云魚者記者異聞也此魚與麋鹿並言是魚之大者肉及菹雍置之醢中悉皆濡孰故曰柔之其辟雞宛脾及軒之名其義未聞

愚謂肉腥謂用生肉釀而食之也細者為膾大者為軒此謂不辨（辯）牲之大小凡細切者皆為膾大切者皆為軒也或者之說則謂切肉之名牲各不同故又記之鄭註周禮云全物若牒為菹細切為齏此謂切菜大小之異名故醢人云掌五齏七菹此專謂菜為齏菹也然齏菹之名菜肉通故此言菹與軒皆菹也辟雞宛脾皆齏也齏菹雖異然皆是以醢釀牲肉故鄭云軒辟雞宛脾皆菹類也

羹食自諸侯以下至於庶人無等（釋文）食音嗣

父字疑老

鄭氏曰羹食食之主也庶羞乃異耳愚謂無等謂常食皆得有羹食也士不貳羹胾庶人耆老不徒食則庶人非耆父常食不得有胾矣大夫燕食有脯無膾（有膾無脯）則士常食不得有脯膾矣諸侯日食特牲則大夫日食不得有成牲矣此之謂有等若羹食則上下皆有之故曰無等若羹食所用之物與其多少之差則諸侯以下遞有降殺未嘗無等也

大夫無秩膳大夫七十而有閣天子之閣左達五右達五公侯伯於房中五大夫於閣三士於坫一（釋文）坫丁念反

鄭氏曰大夫無秩膳謂五十始命未老者也七十有閣有秩膳也閣以板爲之度（庋）食物也達夹（夾）室愚謂膳美食也秩膳謂常置美食於左右以備食也夾室與房謂燕寢之夾室與房也檀弓始死之奠其餘閣也與士喪禮醴酒脯醢升自阼階

三すの十ゑ

奠於尸東疾必居正寢而餘閤之奠別從他處來是閤在燕寢明矣士禮如此天子諸侯可知坫土坫也士不得爲閤爲土坫以庋食也公侯伯不言閤者蒙天子之文也大夫士不言於房中者蒙公侯之文也大夫特言於閤者別於士之坫也士之坫亦在房王制曰九十飲食不離寢則未九十者飲食不得在寢室當在房可知也曰五曰三曰一者謂閤與坫之數非謂膳之種數也士於坫而餘閤有脯醢則大夫以上非一閤惟置一種明矣士坫亦七十乃有之對文則板爲者曰閣土爲者曰坫散文則坫亦謂之閣檀弓言餘閣是也○鄭氏謂諸侯之五爲三牲魚腊非也諸侯朔日正少牢則閤不得備三牲矣　鄭氏又謂大夫之閤與天子同處亦非也諸侯於房中亦爲閣大夫之閣士之坫亦於房中非大夫與

廿八

天子同處也孔疏謂天子尊庖厨遠故左夾室五閣右夾室五閣諸侯卑庖厨宜稍近故於房中亦非也夾室與房特度食之所耳庖厨初不在此也○自飯黍稷至此雜記飲食之法

廿四卷

共四萬四千六百七十九字

連書面共卅頁

禮記卷二十五
八

九月初四日鏘鳴校過

五日六十九

禮記卷二十八

內則第十二之二　　孫希旦集解

凡養老，有虞氏以燕禮，夏后氏以饗禮，殷人以食禮，周人脩而兼用之。凡五十養於鄉，六十養於國，七十養於學，達於諸侯。八十拜君命，一坐再至，瞽亦如之。九十者使人受。五十異粻，六十宿肉，七十貳膳，八十常珍，九十飲食不違寢，膳飲從於遊可也。六十歲制，七十時制，八十月制，九十日脩，唯絞紟衾冒，死而后制。五十始衰，六十非肉不飽，七十非帛不煖，（八十非人不煖，）九十雖得人不煖矣。五十杖於家，六十杖於鄉，七十杖於國，八十杖於朝，九十者天子欲有問焉，則就其室，以珍從。七十不俟朝，八十月告存，九十日有秩。五十不從力政，六十不與服戎，七十不與賓客之事，八十齊喪之事弗及也。五十而爵，六十不親學，七十致政。凡自七十以上，唯衰麻為喪。

凡三王養老皆引年八十者一子不從政九十者其家不從政瞽亦如之凡父母在子雖老不坐有虞氏養國老於上庠養庶老於下庠夏后氏養國老於東序養庶老於西序殷人養國老於右學養庶老於左學周人養國老於東膠養庶老於虞庠虞庠在國之西郊有虞氏皇而祭深衣而養老夏后氏收而祭燕衣而養老殷人冔而祭縞衣而養老周人冕而祭玄衣而養老釋文粻知良反絞古交反紟其鳩反本又作衿冒亡報反煖乃管反朝直遥反珍從從才用反又如字與音預齋側皆反衰七回反冔況甫反縞古老反又古報反

子雖老不坐謂在父母之側也

曾子曰孝子之養老也樂其心不違其志樂其耳目安其寢處以其飲食忠養之孝子之身終終身也者非終父母之身終其身也是故父母之所愛亦愛之父母之所敬亦敬之至於犬馬盡然而況於人乎釋文樂並音洛忠養養去聲羊亮反

皆字衍

五ヲ卅一

忠養謂盡其心以養之非徒養口體而已也孝子之身終者父母雖没而事死如生事亡如存没身而後已也父母之所愛亦愛之所敬以〔亦〕敬之以父母之心為心而隨在曲體之也孔氏曰此因上養老之事遂陳孝子事親之禮

凡養老五帝憲三王有乞言五帝憲養氣體而不乞言有善則記之為惇史三王亦憲既養老而后乞言亦微其禮皆有惇史惇音款釋文

鄭氏曰憲法也養之法其德行而已三王又從之求乞善言也惇史史惇厚者徵〔微〕其禮者依違言之求而不切也愚謂五帝以老人宜安靜故務養其氣體而不欲乞言以勞動之老人有德行之善則記錄之為惇厚之史也三王既養老而後乞言則其求之也不敢遽微畧其禮則其求之也不敢堅然則雖曰乞言而亦未至於勞老者之氣體矣皆若夫憲之以

為法於一身記之以垂訓於後世則帝王養老之所同也○

自凡養老有虞氏以燕禮至此疑他篇之脫簡說見篇首

淳熬煎醢加于陸稻上沃之以膏曰淳熬 淳之純反熬五羔反

孔氏曰淳沃也熬煎也陸稻陸地之稻也以陸地稻米為飯煎醢使熬加於飯上恐其味薄更沃之以膏使味相湛漬以沃之以膏故曰淳煎醢故曰熬

於毛本阮本並作于

淳母煎醢加於黍食上沃之以膏曰淳母 母音模食音嗣

鄭氏曰母讀曰模模象也作此象淳熬孔氏曰淳母法象淳熬為之但用黍為異耳食飯也謂以黍米為飯不言陸者黍皆在陸無在水之嫌

炮取豚若將封刲之刳之實棗於其腹中編萑以苴之塗之以謹塗炮之塗皆乾擘之濯手以摩之去其皽為稻粉糔溲之以為酏

音卷十五

以付豚煎諸膏膏必滅之鉅鑊湯以小鼎薌脯於其中使其湯毋滅鼎三日三夜毋絶火而后調之以醯醢炮步交反將音牂子郎又口侯反編必縣反又步典反萑音丸苴子餘反刲苦圭反刳口孤反作涂擘必麥反濯直角反去起呂反皽章善反又相流反又息了反溲所九反付徐音賦鉅其據反鑊戶郭反使其湯釋文一本無其字

鄭氏曰炮者以塗燒之為名也將當為牂牂牡羊也刲刳博異語也謹當為墐塗墐塗有穰草也皽謂皮肉之上魄莫也糔溲亦博異語也糔讀與滫瀡之滫同薌脯謂煮豚若羊於小鼎中使之香美也謂之脯者既去皽則解析其肉使薄如為脯然惟豚全耳豚羊入鼎三日乃内醯醢可食也孔氏曰萑薍草也苴裹也刲刳其腹實香棗於其腹中編連薍草以包其豚羊裹之既畢以穰草相和之塗塗之炮之塗皆乾擘去乾塗也濯手以摩之去其皽者手既擘塗不淨其肉又熱故

三

濯手摩之去其皽莫也為稻粉糔溲之以為酏付全豚之外若䑋則解析其肉以粥和之滅没也小鬲盛膏以膏煎豚䑋於鬲中膏必没滅此豚䑋也鉅鑊湯以小鬲薌脯於其中者謂用大鑊盛湯以小鬲薌脯置於大鑊湯中也使其湯毋滅鬲者若湯入鬲中則令食壞也三日三夜毋絶火者欲其微熱勢不絶周禮有毛炮之豚豚形既小故知全体周禮鄭注云毛炮豚者爓去其毛而炮之豚既毛炮則此䑋亦當毛炮愚謂裹物而燒之謂之炮滫溲謂溲釋其粉也愚謂付傅也此䑋實不為脯以擘去乾塗之後薄析其肉有似脯然故曰薌脯上曰付豚則知豚之置於鬲中者亦全体也下曰薌脯則知䑋之用酏付之者亦薄析者也互見之爾

擣珍取牛羊麋鹿麕之肉必脄每物與牛若一捶反側之去其餌

孰出之去其皽柔其肉脄音每徐亡代反餌音二本或作皽皽或作餌

鄭氏曰脄脊側肉也捶擣之也餌筋腱也柔汁和也汁和亦

醯醢與愚謂脄與脢同背肉也易曰咸其脢

漬取牛肉必新殺者薄切之必絕其理湛諸美酒期朝而食之以

醢若醯醷湛子潛反又直蔭反又將鳩反期音朞

絕其理謂橫斷其肌理也湛亦漬也期朝匝一日也

為熬捶之去其皽編萑布牛肉焉屑桂與薑以洒諸上而鹽之乾

而食之施羊亦如之施麋施鹿施麕皆如牛羊欲濡肉則釋而煎

之以醢欲乾肉則捶而食之洒所買反徐西見反鹽音艷又如字乾音干乾而食之一本無而食之三

字濡音繻鄭註醢或為醓

鄭氏曰熬於火上為之今之火脯似矣此七者周禮八珍其

一肝膋是也孔氏曰七者第一淳熬第二淳毋第三第四炮

四

豚若牂第五擣珍第六漬第七熬也其一肝膋則此糝下肝膋也但作記之人文不依次故在糝下愚謂鄭氏以淳熬等八物為八珍因擣珍之名以推其餘也肝膋宜在糝上簡錯在下耳王制曰八十常珍九十者天子欲有問焉以珍從文王世子養老之珍具則珍物者老者之所需也

糝取牛羊豕之肉三如一小切之與稻米稻米二肉一合以為餌煎之

鄭氏曰此周禮糝食也

肝膋取狗肝一幪之以其膋濡炙之舉燋其膋不蓼釋文幪音蒙燋字又作焦子消反鄭註舉或為巨

膋腸間脂也炙謂抗於火上而燒之也濡炙之者謂用膋濡潤其肝而炙之舉皆也舉燋謂徧皆燋也其膋不蓼則其肝

四月廿一

據本注改

當實蓼矣

取稻米舉糔溲之小切狼臅膏以為稻米為酏酏讀為餰之然反又之善反

鄭氏曰腸臅膏臆中膏也此周禮酏食也酏當從餰愚謂餰與饘字同餰與酏皆粥而厚薄不同酏用於六飲則不可用為豆實故知此當作餰餰食以稻米合狼臅膏為之則亦粥之類但視粥差厚故名曰餰食言在食粥之間爾○自淳熬至此記八珍及內羞之名物當上與士於坫一相屬說已見篇首蓋飲食者人子之所以孝養其親故自飯黍稷至此偹言其品節制度而曰以著夫貴賤等級之差如趙氏之所言也

○禮始於謹夫婦為宮室辨內外男子居外女子居內深宮固門閽寺守之男不入女不出閽音昏

五

按周禮寺人掌内人之禁令内竪掌内外之通令鄭引本不誤今改从此未知何據

有夫婦然後有父子有父子然後有君臣有君臣然後有上下有上下然後禮義有所錯故禮以謹夫婦為始為宮室辨内外者燕寢在内正寢在外也宮深則内外之勢遠門固則出入之限嚴周禮閽人掌中門之禁寺人掌内外之通令大夫士之掌門禁者亦謂之閽檀弓閽者止之是也

男女不同椸枷不敢縣於夫之楎椸不敢藏於夫之篋笥不敢共湢浴椸釋文作杝（本又作椸）以支反枷音架縣音懸楎音輝笥息吏反

鄭氏曰竿謂之椸楎杙也孔氏曰爾雅釋宮云在墻者謂之楎郭景純云植曰楎橫曰椸是楎椸是同類之物橫者曰椸以竿為之愚謂直曰楎橫曰椸皆所以架衣也方曰篋圓曰笥皆所以藏衣也夫婦無取乎遠嫌然其謹之如此者所以厚男女之别也

夫不在斂枕篋簟席襡器而藏之少事長賤事貴咸如之重夫之所用而不敢褻露也前云事父母舅姑斂簟而襡之此簟席並襡又以器盛而藏之前謂每日常禮簟席晚即須用此謂夫不在簟席未即用故也

夫婦之禮唯及七十同藏無間故妾雖老年未滿五十必與五日之御間徐讀間廁之間皇讀如字年未滿五十釋文無滿字與音預

鄭氏曰同藏無間衰老無嫌御待夜勸息也五十始衰不能孕也妾閉房不復出御矣五日一御諸侯制也諸侯取九女姪娣兩兩而御則三日也次兩媵則四日也次夫人專夜則五日也天子十五日乃一御孔氏曰同藏無間謂同處居藏無所間別以其衰老無所嫌疑故也妾未滿五十必與五日之御則妻雖五十猶與也夫人左右媵各有姪娣凡六人

[校本疏作望後乃反之]

故三日如鄭此言夫人姪娣卑於兩媵如望前則尊者在前卑者在後望及則反之

[纓字校本注改作纓髦先生校本髦改髮]

將御者齊漱澣慎衣服櫛縰笄總角拂髦衿纓綦屨 釋文 齊側皆反 鄭氏云角衍字拂髦或為纓髮愚謂角拂髦皆衍字

齊以齊其心志漱澣以潔其裏服慎衣服以謹其禮衣妾之御於夫猶臣之朝於君故其致敬如此角拂髦皆衍字前婦事舅姑不云拂髦則婦人無髦男女未冠笄者言拂髦主男子言之耳蓋髦者子事父母之飾父沒去左母沒去右婦人外成若有髦則無以為除脫之節也

雖婢妾衣服飲食必後長者 釋文 後胡豆反長竹丈反

鄭氏曰人貴賤不可以無禮

妻不在妾御莫敢當夕

鄭氏曰辟女君之御日也孔氏曰此謂卿大夫以下大夫一妻二妾則三日御徧士一妻一妾則二日御徧高氏愈曰一夕之微而謹之如此則少陵長賤妨貴以妾為妻之禍絶矣

○自禮始於謹夫婦至此明夫婦居室之禮

妻將生子及月辰居側室夫使人日再問之作而自問之妻不敢見使姆衣服而對至于子生夫復使人日再問之夫齊則不入側室之門（釋文）見賢徧反下同姆音茂字林亡又反又音母又亡久反

鄭氏曰側室謂夾之室次燕寢也作有感動不入側室之門若初時使人問孔氏曰月辰謂生月之辰初朔之日也夫正寢之室在前燕寢在後側室又次燕寢在燕寢之旁故謂之側室生子不於夫正室及妻之燕寢必於側室者以正寢室燕寢尊故也愚謂作而自問之謂感動之日夫自問之也妻

不敢見所以遠私媢之嫌也姆女師也士昏禮註云婦人年五十無子出不復嫁能以婦道教人者至于子生夫使人日再問之者言自作之後以至於子生夫使人日再問之者言自作之後以至於子生夫又日使人再問之也夫齋則不入側室之門者謂作之日適值夫齋則夫不自問而使人問之也齋必處正寢故不入側室之門

子生男子設弧於門左女子設帨於門右三日始負子男射女否

鄭氏曰設弧設帨表男女也弧者示有事於武也帨者事人之佩巾也三日男射始有事也負者謂抱之而使鄉前也愚謂男射女否者女子卑畧其禮也

國君世子生告于君接以大牢宰掌具三日卜士負之吉者宿齋朝服寢門外詩負之射人以桑弧蓬矢六射天地四方保受乃負

五百十三

之宰醴負子賜之束帛卜士之妻大夫之妾使食子接舊音捷今如字下接子同食音嗣下食子同射天地射食亦反○接接今讀如字

接接子也就子生之室陳設饌具以禮接待之也宰膳宰也掌具掌為接子之牢具也宿齋前一夕齋也寢門外路寢之門外也不入門者以子尚未見也詩之言承也詩負之謂以手承下而接負之也射人司馬之屬桑弧蓬矢本大古也天地四方者男子之所有事也保保母也受乃負之受之於士而負之也醴以醴禮之也禮之也以一獻之禮以束帛酬之使宰主其禮猶君燕膳夫為獻主之義也食子使乳之也皇氏侃曰士之妻大夫之妾隨課用一人輔氏廣曰諸母則擇之乳母則卜之豈非性情之發尚有可見而血氣之相宜有不可知者耶○內則醴負子士冠禮醴賓士昏禮醴賓醴婦

八

字皆作醴惟聘禮禮賓作禮鄭氏於醴字皆破為禮以從聘禮然以醴醴人而謂之醴猶以食食人而謂之食也豈禮之重者則謂之禮而其輕者但質言之與

凡接子擇日冢子則大牢庶人特豚士特豕大夫少牢國君世子大牢其非冢子則皆降一等

鄭氏曰雖三日之内尊卑必皆選其吉焉冢子大牢謂天子世子也冢子猶言長子通於下也庶人特豚以下皆謂長子也非冢子謂冢子之弟及妾子也降一等天子諸侯少牢大夫特豕士特豚庶人猶特豚也愚謂上先言接子而後言三日卜士負之則接子在負子之前擇日者於三日之内擇之也

異為孺子室於宫中擇於諸母與可者必求其寬裕慈惠温良恭

敬慎而寡言者使為子師其次為慈母其次為保母皆居子室他人無事不往

鄭氏曰此人君養子之禮也異為孺子室於宮中特埽一處以處之也諸母衆妾也可者傅御之屬也子師教示以善道者慈母知其嗜欲者保母安其居處者士妻食乳之而已他人無事不往為兒精氣微弱將驚動也愚謂寬裕慈惠溫良則近於仁恭敬寡言則近於禮故可以為子師養子備三母人君之禮也喪服小功章君子子為庶母慈已者然則大夫之子但以庶母為慈母而兼子師保母之事與

三月之末擇日翦髮為鬌男角女羈否則男左女右是日也妻以子見於父貴人則為衣服由命士以下皆漱澣男女夙興沐浴衣服具視朔食夫入門升自阼階立于阼西鄉妻抱子出自房當

九

楣立東面。釋文：鬌丁果反，徐大果反。楣音眉。

此謂大夫以下之禮也。鬌所留不翦之髮也。夾囟曰角，午達曰羈。貴人，卿大夫也。爲衣服，夫妻皆别製新服也。命士以下雖不爲衣服，亦漱澣以致其潔也。男女，謂下文諸婦、諸母、諸男之屬也。具，夫婦入食之饌具也。朔食，天子大牢，諸侯少牢，大夫特豕，士特豚。適子見在正寢。夫入門者，入正寢之門也。妻抱子出自房者，妻由側室至夫之正寢，升自北階而出於東房也。妻不使人抱子，子不升自西階，皆避人君之禮也。次棟之梁謂之楣。妻當楣立，在西階之上而當楣也。夫在阼亦當楣，不言者，可知也。○鄭氏謂大夫以下見適子於側室，非也。側室卑於内寢，見庶子於内寢，豈見適子反在側室乎？

姆先相曰：「母某敢用時日祗見孺子。」夫對曰：「欽有帥。」父執子之右手咳而名之妻對曰記有成遂左還授師子句師辯告諸婦諸母名妻遂適寢夫告宰名宰徧告諸男名書曰某年某日某生而藏之宰告閭史閭史書為二其一藏諸閭府其一獻諸州史州史獻諸州伯州伯命藏諸州府夫入食如養禮相息亮反咳戶才反字又作孩還音旋辯音遍養羊尚反○鄭註祇或作振

姆先謂在妻側而稍前也相助之傳辭也某妻之氏也祇欽皆敬也帥循也欽有帥謂其子當敬循善道也執子右手示將授以事也咳頦也咳而名之以手承子之咳而名之也妻對者代其子答父也記有成者言當記識父言而有所成就也授師子謂授師以子也諸婦大功以上卑者之妻諸母衆妾也適寢適夫之燕寢也不言入御者妻尊不褻言也宰家臣之長也諸男謂子若昆弟之子也諸婦諸母諸男見子時

皆在故遂以名告之其位盖諸婦諸母房中南面諸男阼階下東面與其大功以上尊屬當使人就其寢告之也藏之藏於家也二十五家爲閭閭胥治之二千五百家爲州州長治之州伯即州長也閭府州府閭胥州長之府藏史其屬吏也夫入食自正寢入燕寢而與妻同食也如養禮如平時六婦供養之常禮也○鄭氏謂養禮爲婦始饋舅姑之禮非也舅姑之饋婦饋之也此夫婦自食耳二禮不可相亦若謂指其饌具而言則上文已言具視朔食不應再出也○黄氏乾行曰命名即告州閭使藏諸府將俟其長而就閭塾也以承教訓以受征役以稽德行以應賓興皆始於是安有時過後學老壯不均冒年冒籍如後世之弊哉

世子生則君沐浴朝服夫人亦如之皆立于阼階西鄉世子婦抱

子升自西階君名之乃降

鄭氏曰子升自西階則人君見世子於路寢也諸侯夫人朝於君次而褖衣孔氏曰案内司服注云展衣以禮見王及賓客褖衣御于王之服諸侯夫人以下所得之服各如王后今既在路寢與君同著朝服則是以禮見君合服展衣此云次而褖衣者此見子訖則當進入君寢侍御於君故服進御之服不服展衣前文卿大夫見適子既有父執子手咳而名之及戒告之辭其文既具故於見世子之禮畧而不言其實世子亦執手咳而名之及戒告也愚謂見適子皆於正寢但大夫士避世子之禮畧而不言其實故子不升自西階而出自房耳天子諸侯朝服不同則后與夫人以禮見王之服亦當異后以禮見王服展衣則夫人以禮見君服褖衣宜也特牲

禮主人元端主婦笄纚綃衣男子元端之上為朝服婦人笄纚綃衣之上為褖衣故少牢禮主人朝服主婦被錫衣侈袂被即次錫衣即被褖衣之誤也此見子君服朝服則鄭謂夫人次而褖衣者不可易也后御於王褖衣則夫人御於君亦笄纚綃衣耳

適子庶子見於外寢撫其首咳而名之禮帥初無辭釋文適丁歷反

適子庶子謂適子之母弟也蓋雖適妻所生既非長適則亦為庶子矣外寢正寢也辭謂欽有帥記有成之辭也見適子之庶亦於正寢者敬適妻也不執其右手又無辭者降庶子也此禮尊卑之所同與

凡名子不以日月不以國不以隱疾大夫士之子不敢與世子同名

名

說並見曲禮

說並見曲禮

妾將生子及月辰夫使人日一問之子生三月之末漱澣宿齋見

（漱 旁朱書：文）

（朱書：釋文三月之末一本作子生三月之末）

於內寢禮之如始入室君已食徹焉使之特餕遂入御

此謂大夫士之妾也不云就側室者大夫士之妾居側室即

其所居而生子不别就室也故左傳趙氏有側室子曰穿是

也夫使人一日問之降於正妻也內寢夫之燕寢也適子見

於正寢而有辞適子庶子見於正寢而無辞庶子見於內寢

（辞 旁朱書：辭）

尊卑之差也始入室始來嫁時也君謂夫也特獨也常時夫

婦食畢衆妾並餕今使生子之妾特餕如始來嫁之禮也士

昏禮媵餕夫餘御餕婦餘無特餕之法豈妾之待年而後至

者或非媵而買諸他姓者其始至特餕與

公庶子生就側室三月之末其母沐浴朝服見於君擯者以其子見君所有賜君名之衆子則使有司名之（釋文三月之末一本作子生三月之末）

公庶子生就側室人君宫室多也君之世婦視大夫諸妻視士其朝服亦褖衣也見於君不言其所者蒙上節内寢之文也鄭氏曰擯者傅姆之屬也君尊雖妾不抱子有賜於君有司臣有事者也

庶人無側室者及月辰夫出居羣室其問之也與子見父之禮無以異也

庶人或無側室其燕寢夫婦共之而已故妻及月辰則夫出居羣室以避之羣室謂夾室之屬也其問妻與見子之禮則與大夫士同也

凡父在孫見於祖祖亦名之禮如子見父無辭

鄭氏曰見子於祖家統於尊也父在則無辭有適子者無適孫與見庶子同也父卒而有適孫則有辭與見冢子同父雖卒而庶孫猶無辭也愚謂孫見於祖亦就祖之正寢見之

食子者三年而出見於公宮則劬大夫之子有食母士之妻自食其子　釋文食並音嗣

鄭氏曰劬勞也士妻大夫之妾食國君之子三年出歸其家君有以勞賜之大夫之子有食母選於傅御之中喪服所謂乳母也士之妻自食其子賤不敢使人也

由命士以上及大夫之子旬而見冢子未食而見必執其右手適子庶子已食而見必循其首　釋文旬音均出註○按旬舊讀為均朱子如字今從之

鄭氏曰未食已食急正緩庶之義也冢子未食以下承上文

朱子曰旬謂十日也別記異聞或不待三月也冢子未食以

十三

家當作冢

下承上文記大夫禮而又别其家適庶子之異同也愚謂適子冢子之母弟也庶子妾之子也循猶撫也上文三月而見此則云旬日而見上文冢子庶子皆未食而見此則冢子未食而見適子庶子已食而見蓋列國禮俗不同記者並記之然惟大夫士如此則天子諸侯固無異禮矣○自妻將生子至此言尊卑生子之禮

○子能食食教以右手能言男唯女俞男鞶革女鞶絲食食上如字下音嗣唯于癸反俞以朱反鞶步干反

鄭氏曰俞然也鞶小囊盛帨巾者男用革女用絲有緣飾之則是鞶裂與詩云垂帶如厲紀子帛名裂繻字雖今異意實同也孔氏曰春秋桓二年傳作鞶厲鄭此注作鞶裂謂鞶囊裂帛為飾若服虔杜預則以鞶為大帶厲是大帶之垂者詩

のす五十又

15

毛傳亦云厲帶之垂者與鄭異陳氏祥道曰古者大帶革帶並謂之鞶内則所謂男鞶革帶也愚謂曲禮父名無諾先生名無諾唯而起虞書帝曰俞往欽哉又曰俞往哉汝諧是唯俞皆應辭但諾之聲直俞之聲婉故以為男女之别孔氏引服杜毛傳之說蓋以鄭氏鞶裂之說為非左傳疏亦云禮記男鞶革女鞶絲鞶是帶之別稱言其帶革帶絲耳今按鞶一名而二物前言施鞶袠士昏禮庶母至門内施鞶揚子法言綉[繡]其鞶帨[此鞶為小囊袠也]此[言]鞶革鞶絲左傳言鞶厲游纓[乃]及馬之鞶纓此鞶為大帶也玉藻云童子錦紳又云弟子縞帶此男子鞶革蓋孩提時所用爾男革而女絲者革勁而絲柔也○自此以下皆言教子之法

六年教之數與方名

十四

六年稍有知識始可教也數一十百千萬也方名四方之名

七年男女不同席不共食

始示之別也

八年出入門戶及即席飲食必後長者始教之讓後胡豆反

即就也長者父兄也徐行後長者謂之弟疾行先長者謂之不弟八年始教以遜讓於長者所以因其良知良能而啟之以孝弟之端也高氏愈曰凡人質性之偏莫不喜淩傲其上故古人首以讓教之出入後長者行之讓即席後長者坐之讓飲食後長者食之讓所以抑其驕慢之氣而養其德性之和者至矣

九年教之數日數所主反

鄭氏曰日朔望與六甲也高氏愈曰二者切於日用且五行

陰陽之理具於干支中矣此九年以内宫中女師之教兼男女而言者也

十年出就外傅居宿於外學書計衣不帛襦袴禮師初朝夕學幼儀請肄簡諒
襦字又作褠音儒袴苦故反肄本作隸同以二反

鄭氏曰外傅教學之師也不用帛為袴襦者為太温傷陰氣

高氏愈曰居宿日居夜宿也十歲則男女已大為之别而女不出男不入蓋内外之防始嚴矣書計即六藝中六書九數之學也愚謂襦裏衣袴下衣二者皆不以帛為之防奢侈也禮師初者謂初者所敎長幼之禮師而行之而不敢忘也幼儀幼少所行之儀法其事甚多不弟出入飲食必後長者而已朝夕學之而益求其詳也肄習也諒信也請肄簡諒謂所請肄習者實乎簡要而成實也簡則不流於泛濫諒則不至

十五

原本作諴

于虛浮自此至凡男拜當右手專言教男子之法九年以前男女之教同十年以後男女之教異○輔氏謂衣不帛袴襦則上服猶用帛非也成人之服深衣元端皆布為之朝服始用素帛為裳則童子之上服不用帛可知玉藻童子緇布衣錦緣是童子之上服以緇布為深衣之制也以帛裏布非禮也童子上服用布袴襦在內其不用帛宜矣

十有三年學樂誦詩舞勺成童舞象學射御

鄭氏曰先學勺後學象文武之次也成童十五以上熊氏安生曰勺籥也愚謂學樂學琴瑟之樂也詩樂章也學樂誦詩弦誦相成也勺即所謂南籥也禴祠之禴字亦作礿是勺籥字通明矣南籥文王之文舞象箾文王之武舞皆小舞也射御五射五御之法也蓋至此而六藝之事畧備矣以孝弟忠

綫疑鈍

信為之本而餘力學文蓋雖未及乎大學而所以培養其德性成就其才具者固已深矣○大戴禮云古者王子年八歲而就外舍束髮而就大學尚書周傳王子公卿元士之適子十五入小學二十入大學書傳畧說餘子十三入小學十八入大學白虎通八歲入小學十五入大學曲禮人生十年曰幼學內則十年出就外傳今其詳固不可盡考然周禮樂師教國子小舞則國子之入大學固不待既冠矣蓋古者公卿與庶民之子其學不同公卿之子以師氏所教者為小學以成均為大學庶民之子以家之塾州黨之序為小學以鄉之庠為大學公卿之子其小學惟一則其遞升於大學也速庶民之子其小學有三則其遞升於大學也遲而又人之材質有敏純學業之成就有蚤暮則其入大學固不可限以定期

十六

集说作干羽

大約自十三以上二十以下皆入大學之歲也與○程子曰古人為學也易八歲入小學十三入大學舞象舞勺有弦歌以養其氣耳舞干戚以養其氣其心急則佩常緩則佩弦出入閭里則視聽游習與政事之施莫不由此如此則非僻之心無自而入又曰古者家有塾黨有庠遂有序故未嘗有不入學者八歲入小學十五擇其秀者入大學不可教者歸之於農三老坐於里門出入察其長幼進退揖讓之序至于閭里鄉黨之間如三百五篇之類人人諷誦莫非止於禮義之言十三又使之舞象然則雖未能深知義理興起於詩其心固已善矣後世雖白首未嘗知有詩此古今異習也以古所習安得不厚以今所習安得不惡張子曰古者教童子先以舞者欲柔其体也心下則氣和氣和則体柔古者教冑子必

以樂欲其体和也學者志則欲立体則欲和

二十而冠始學禮可以衣裘帛舞大夏惇行孝弟博學不教內而不出冠古乱反衣於既反弟音悌內音納

冠加冠也禮吉凶軍賓嘉之禮也大夏禹樂文舞之大也大司樂以樂舞教國子舞雲門大卷大咸大磬大夏大護大武此言舞大夏則六舞皆學可知惇篤也前此但學幼儀至此則學鄉國之通禮前此不帛襦袴至此則有裘帛之盛服前此但學小舞至此則學大夏之大舞前此已知孝弟至此則益惇而行之而責以為人子為人弟之全行蓋成人之禮與大學之教自二十而始也博學不教者廣見博聞以窮理而善未可以及人內而不出者多識前言往行以畜德而才未可以經世蓋初進乎大學之事而其德猶未幾乎成也

十七

三十而有室始理男事博學無方孫友視志釋文孫音遜

鄭氏曰室猶妻也男事受田給政役也方猶常也無方言學無常在志所好也孫順也順於友視其所志也輔氏廣曰博學不敎內而不出獨善而已孫友視志則善足以及人矣愚謂博學無方敬業而所以窮理者詳遜友視志樂羣而所以觀人者審

四十始仕方物出慮發謀道合則服從不可則去釋文去如字

朱子曰方猶比也比方以窮理方物出謀則謀不過物方物出慮則慮不過物愚謂四十則道明德立學成而將以行之始可仕也比方事物而出慮發謀則於所治之職謀慮者無不當矣服從謂服其事而從君也君臣以義合故道合則服從不合則去不可以阿徇而取容也○程子曰古之為士者

自十五入學至四十始仕中間二十五年有事於學又無利可趨則其志可知此所以成德故古之人必四十乃仕然後志定業成後世立法自童稚即有汲汲利祿之誘何由向善

五十命為大夫服官政七十致事

王氏圻曰四十始仕為士以事人治官府之小事也五十為大夫以長人聞邦國之大事也四十始仕不躁進也七十致仕不固位也中間三十年盡力於王事不負所學也

凡男拜尚左手

鄭氏曰左陽也

女子十年不出姆教婉娩聽從執麻枲治絲繭織紝組紃學女事以共衣服觀於祭祀納酒漿籩豆葅醢禮相助奠婉紆晚反娩音晚徐音萬枲思里反繭古典反紝女金反又如林反組音祖紃音巡共音恭相息亮反

十九

據本疏改

鄭氏曰：不出，恒在內也。婉謂言語也。娩之言媚也，媚謂容貌也。紃，絛也。祭祀之禮，當及女時而知。孔氏曰：案九嬪注云婦德貞順，婦言辭令，婦容婉娩，婦功絲枲。此分婉為言語，娩為容貌。鄭意以此上下脩四德，以婉為婦言，娩為婦容，聽從為婦順，執麻枲以下為婦功。紝為繒帛，故杜注左傳云紝謂繒也。組紃俱為絛。皇氏云：組是綬也。然則薄闊為組，似繩者為紃。朱子曰：納謂奉而入之。愚謂執麻枲，績事也。治絲繭，蠶事也。織紝組紃，織事也。此三者皆女工之事，學之以供衣服也。納謂納於廟室以進於尸也。禮相助奠，謂以禮相長者而助其奠置祭饌也。此又學祭祀之禮也。自婉娩聽從以下，皆姆教之。此以下專言教女子之法。

十有五年而笄，二十而嫁，有故，二十三年而嫁。聘則為妻，奔則為

妾鄭註奔或為衒

鄭氏曰十五而笄謂應年許嫁者女子許嫁笄而字之其未許嫁二十則笄故謂父母之喪聘問也妻之言齊也以禮聘問則得與夫敵體妾之言接也問〔聞〕彼有禮走而往焉以得接見於君子也愚謂妾有隨妻為媵者有非媵而別買之者皆未嘗有之幣帛之聘也女不待聘而嫁者謂之奔周禮媒氏仲春之月令會男女於是時也奔者不禁

凡女拜尚右手

鄭氏曰右陰也

廿五卷

共計九千四百卆一字

連書面共廿一頁

禮記　二十九卷

篇名頂格寫

注比經文低一格

夜間均須收好防鼠傷

孫○○集解　寫首行

九月初十十一日錫鳴校過

禮記卷二十九

玉藻第十三之一　別錄屬通論

孫希旦集解

此篇首記天子諸侯衣服飲食居處之法，中間自始冠緇布冠至其他則皆從男子，專記服飾之制，始冠，次衣服，次笏，次韠，次帶，次及夫人命婦之服。其前後又雜記禮節、容貌、稱謂之法。禮記中可以考見古人之名物制度者，此篇爲最詳，然其中多逸文錯簡云。

天子玉藻，十有二旒，前後邃延，龍卷以祭。釋文：藻本又作璪，音早。旒，力求反。邃，雖醉反。延如字，徐餘戰反，字林作綖，弋善反。卷音袞，古本反。

鄭氏曰：雜采曰藻。天子以五采藻爲旒，旒十有二。前後邃延者，言皆出冕前後而垂也。天子齊肩。延，冕上覆也。元表纁裏。龍袞，畫龍於衣。孔氏曰：藻謂雜采之絲繩，以貫於玉，以玉飾藻故曰玉藻也十有二旒者前與後各十有二旒龍卷言畫此龍形卷曲於衣天子之旒十有二就每就貫以玉就間相去一寸則旒長尺二寸故垂而齊肩諸侯以下各有差降則九玉者九寸七玉者七寸以下各依旒數垂而長短為差旒垂五采玉依飾射侯之次從上而下初以朱次白次蒼次黃次元五采玉既貫徧周而復始其三采者先朱次白次蒼二采者先朱後緑又曰凡冕之制皆元上纁下以木版為中以三十升元布衣之於上謂之延以朱為裏但不知用布繒耳當以繒為之以其前後旒用絲故也按漢禮器制度廣八寸長尺六寸也又董巴輿服志云廣七寸長尺二寸皇氏謂此為諸侯冕應劭漢官儀廣七寸長八寸皇氏以為卿大夫冕若如皇氏言豈董巴專記諸侯應劭專記卿大夫蓋冕隨代

變異大小不同今依漢禮器制度爲定愚謂司服王冕有六而大裘之冕爲最尊祭天之所服也凡冕之旒數與衣之章數相配大裘襲十二章之衣其冕亦十二旒則天數也衮冕九章則九旒鷩冕七章則七旒毳冕五章則五旒希冕三章則三旒玄冕一章宜一旒而一旒不可以爲飾進而與絺冕同此弁師所以止言五冕也王祭天之冕其旒前後各有十二每旒之上以五采玉爲飾又以五采絲爲繩以繫玉謂之藻其玉之數與藻之就數亦皆十二故曰天子玉藻十有二旒聘禮記繅六等朱白蒼圭藻之色以五行相克爲次冕藻亦然五采則次以黃又次以元也五色玉之次亦當與藻同王之冕自衮服以下其旒數雖有差降而每旒皆五采玉十二皆五采藻十二就則與十二旒之冕同弁師云王之五

二

就據弁師文補

元本作斿与周禮文合斿即旒 斿下周禮無皆字

皆三采繅四字據元本有

冕皆玄冕朱裏延紐五采繅十有二[就]皆五采玉十有二是也自公以下其冕之旒數皆視服章為差降然弁師諸侯之繅旒[斿]皆九就瑉玉三采則五等諸侯之冕旒數雖異而其繅玉[皆三采繅]皆九就也以此差之則孤卿二采而七就大夫一采而五就就間皆相去一寸也孔疏謂旒之長短依旒數為差則三旒者止三寸似太短矣又二采者當以朱白一采者當以朱孔氏據周禮典瑞註謂二采用朱綠亦非是延者冕之上覆冕用三十升布則延之表裏亦皆以三十升布為之前後邃延者延在冕上其前後皆長出於冕而深邃邃指延言不指旒言也龍卷以祭謂首服十二旒之冕又身服龍卷之衣而祭天也

玄端而朝日於東門之外聽朔於南門之外閏月則闔門左扉立

五月廿四

按本疏補侯字改朝字

司服文大夫上有卿字

于其中釋文端音冕出註下諸侯元端同朝直遥反篇内皆同則闔胡臘反左扉音非一本作則闔門左扉○按陸氏本無門字又篇内朝元端當如字

鄭氏曰端當作冕字之誤也元冕元衣而冕也朝日春分之禮也東門南門皆謂國門也明堂在國之陽每月就其堂而聽朔焉閏月非常月也聽其朔於明堂門中還處路寢門終月孔氏曰凡衣服皮弁尊次以諸侯之朝服次以元端下文諸皮弁聽朔朝服視朔今天子皮弁視朝若元端聽朔與諸侯不類且聽朔大視朝小故知端當作冕謂元冕也愚謂元冕者五冕之服皆元也蓋元冕有指一章之冕言者司服祭羣小祀則元冕又大夫之服自元冕而下是也有通指五冕言者弁師王之五冕皆元冕郊特牲元冕齋戒疏謂五冕通元是也朝日聽朔其服不同記不具言故但以元冕該之司

按當上宜有不字或不在當下

服王祀四望山川則毳冕祭社稷五祀則希冕日者天神之尊在四望山川之上國語大采朝日少采夕月孔晁以大采為袞冕是也少采降於大采蓋鷩冕與一章之元冕為冕服之下若朝日用一章之元冕則少采又為何服乎諸侯聽朔以弁皮弁則天子聽朔當以一章之元冕矣閏月則闔門左扉立於其中謂聽朔時也每月聽朔於明堂之十二室閏月非常月於十二室無所當故闔明堂應門之左扉而立於其中以聽朔也還則居路寢門終月大史閏月詔王居門終月是也○朱子曰禮經雖亡闕然於覲見天子之禮於燕射聘食見諸侯之禮餘則見士大夫之禮宮室名制不見其有異特其廣狹隆殺有所不可考耳按書顧命成王崩於路寢其陳位也曰設斧扆牖間南嚮則户牖間也西序東嚮東序西

覲禮作凡俟元本不誤

[illegible]

嚮則東西序也東房西房則左右房也賓階面阼階面則兩階前也左塾之前右塾之前則門內之塾也畢門之內則路寢門也兩階戺則堂廉也東堂西堂則東西廂也東垂西垂則東西堂之宇階上也側階則北階也又曰諸侯出廟門俟則與士喪禮殯宮曰廟合也則鄭氏謂天子廟及路寢如明堂制者蓋未必然明堂位與考工記明堂之制度非出於舊典亦未敢必信也愚謂考工記夏后氏世室殷人重屋周人明堂此蓋三代明堂之異名鄭氏誤以世室為大廟重屋為路寢而大廟路寢明堂同制之說自此起矣天子路寢之制見於顧命者可考而覲禮在廟亦言凡俟于東箱皆不與明堂同制要之大廟路寢必前為堂後為房室東西為兩序兩夾兩階然後可以奉宗祏適與居以行朝祭獻酬揖讓之儀

以叙吉凶賓主内外之位有必不可與明堂同制者自鄭氏為三者同制之說而跡家墨守其義至其証之經典而不合則為之委曲以求其通亦可謂甚難而實非者矣

皮弁以日視朝遂以食日中而餕奏而食日少牢朔月大牢五飲上水漿酒醴酏卒食玄端而居 釋文餕音俊酏以支反

鄭氏曰餕食朝之餘也奏奏樂也上水水為上其餘次之天子服元端燕居孔氏曰皮弁視朝遂以朝食所以敬養身體餕尚奏樂即朝食奏樂可知也月朔禮大故用大牢方氏慤曰王食必以樂侑所以和其心志而助氣体之養也愚謂天子視朝以皮弁服以白鹿皮為弁而以素繒為衣裳也舊說以謂皮弁服之衣用十升白布為之非也衣之差繒尊為布元尊於白惟深衣麻衣之屬用白布元端及朝服已緇之矣

按本疏補大師二字似必應連引

玉子廿

皮弁尊於朝服豈反用白布乎曰少牢朔大牢重朔以敬始而殺常日以為豐儉之節也膳夫王日一舉鼎十有二物皆有俎蓋每日之少牢朔月之大牢皆舉也鼎十有二物以舉之尤盛者言之則專指朔食也日出而朝食逮日而夕食此每日之正食也餕非正食在朝食夕食之間特餕朝食之餘而已上水者以水為上貴其自然之性也周禮六飲有涼醫而無酒此五飲有酒而無涼醫記者所聞異也卒食謂既餕之後也居燕居也天子朝皮弁夕元端

動則左史書之言則右史書之御瞽幾聲之上下釋文瞽音古上時掌反

鄭氏曰左史右史所書春秋尚書其存者瞽樂人也幾猶察也察其哀樂孔氏曰左陽陽主動故記動右陰陰主靜故記言周禮無左史右史之名熊氏云按周禮大史職云抱天時

五

與大師同車又左傳齊大史書崔杼弑君是大史記動作之事在君左廂則大史為左史也周禮内史掌諸侯孤卿大夫之策命左傳王命内史叔興父策命晉侯為侯伯是皆言誥之事是内史所掌在君之右為右史也御侍也瞽人侍側故曰御瞽幾察也瞽人審音察樂聲上下哀樂政和則樂聲樂政酷則樂聲哀察之以防君之失愚謂史記言動瞽察聲樂凡視朝燕居無時不在君之側皆所以防君之失而格其非心也

年不順成則天子素服乘素車食無樂

氣不順則水旱至物不成則饑饉生素服冠衣皆以素繒為之也素車車不漆者周禮巾車王之喪車五乘次為素車棼蔽犬幦素飾是也司服大札大荒大烖素服大司樂大札大

凶大裁令弛縣此皆自貶損以責己而憂民也孔氏曰若其臣下則不恒素服惟助君禱請之時乃素耳故司服云士服元端素端註云素端者為札荒有所禱請也

援祭統文改

○諸侯玄端以祭裨冕以朝皮弁以聽朔於大廟朝服以日視朝於内朝裨釋文婢支反

鄭氏曰祭先君也端亦當為冕字之誤也孔氏曰元端賤於皮弁下文皮弁聽朔不應元端以祭故知亦當為元冕愚謂元冕亦謂五冕通元也祭統曰君衮冕立于阼夫人副褘立于東房中祭義獻繭之禮夫人副褘受之此上公之禮也然則五等諸侯皆以上服祭其宗廟公衮冕侯伯鷩冕子男毳冕記亦不具言元冕以該之孤卿大夫自祭之服皆降於助祭而諸侯乃以上服祭者北面之臣近君而屈南面之君遠

六

王而伸也禪猶副也益也服冕者各以其上服之次為禪冕公服袞自鷩以下為禪冕侯伯服鷩冕自毳以下為禪冕子男服毳冕自希冕以下為禪冕也禪冕以朝者入天子之國宜自降下故不敢服上而服其次覲禮侯氏禪冕乘墨車亦禪冕亦乘墨之義也聽朔者天子頒來歲十二月之朔於諸侯諸侯受而藏之祖廟每至月朔以特羊告廟受而聽之謂之朝廟天子聽朔於明堂明受之天與祖也諸侯聽朔於大廟明受之王與祖也朝服元冠而緇衣素裳也士冠禮主人玄冠朝服緇帶素韠凡裳與韠同色故知朝服素裳凡言朝服者皆此服也內朝路寢門外之正朝也皮弁聽朔朝服視朝皆降於天子也孔氏曰每月以朔告神謂之告朔論語云告朔之餼羊是也于時聽此月朔之事謂之聽朔此玉藻文

按本疏改

是也聽朔又謂之視朔文十六年公四不視朔是也告朔又謂之告朔月文六年閏月不告月是也行此禮天子於明堂諸侯於大祖廟訖然後祭於諸廟謂之朝廟亨司尊之朝享也按天子告朔於明堂無祭於祖廟之禮司尊彝言朝享謂大祫之祭也又謂之朝廟文六年云猶朝于廟是也又謂之朝正襄二十九年釋不朝正于廟是也又謂之月祭祭法云皆月祭之是也○盧氏辨曰臣及命婦祭於君皆盡其服自祭於家減一等陰爵不敢申也君與夫人皆申其服祭統曰君衮冕立于阼夫人副褘立于東房是也鄭氏頓貶公侯使一同玄冕以祭於己非其差也且諸侯專國禮樂車旗王命有之何獨抑其服乎大戴禮誥愚謂鄭氏之說可以決其必不然者三一則南面之君與北面之臣近君而屈者不同二則衮冕副褘祭統有明文不應其餘

諸侯獨異三則卿大夫自祭雖不中上服然大夫朝服士元端而雜記所言則又有服爵弁者其為差等如此若五等諸侯不辨命數並服元冕自祭是反貶於其臣以是知元冕以祭必非一章之元冕也○孔氏曰天子諸侯皆三朝大僕云掌燕朝之服位註云燕朝朝於路寢之庭是一也司士云正朝儀之位註云此王日視朝事於路門外是二也朝士云掌外朝之法註云外朝在庫門之外皋門之內是三也諸侯三朝者文王世子云公族朝於內朝路寢朝是一也世子又云其在外朝司士為之與此視朝於內朝皆謂路寢門外朝此云內朝對中門外朝為內文王世子云外朝對路寢庭為外也此據路寢門外而稱內朝則知中門之外別更有朝是諸侯中門外大門內又有外朝是三朝也諸侯三門尋常諸侯

路寢門外朝下當從疏有是二也三字

弟十六

中門為應門外有皐門若魯則庫雉路也愚謂天子諸侯皆有三朝一為燕朝一為治朝一為外朝此言視朝於內朝即治朝也燕朝在路寢庭故燕禮公立于阼階下治朝在路門外故司士正朝儀之位王族故士虎士在路門之右大僕大右大僕從者在路門之左若外朝則在大門之外聘禮賓至于朝公迎賓于大門內賓入門又聘禮歸饔餼明日賓拜於朝鄭氏註云拜謝主君之惠於大門外賈疏云直言賓拜於朝無入門之文故知在大門外又聘禮賓死介復命柩止于門外鄭氏云門外大門外也必以柩造朝者達其忠心是諸侯外朝在大門外明矣天子外朝所在雖無明文可見然周禮朝士掌建外朝之法左九棘孤卿大夫位焉羣士在其後右九棘公侯伯子男位焉羣吏在其後面三槐三公位焉

八

州長衆庶在其後若朝位在門内則當取節於門今乃以槐棘表位亦必因朝位在門外無可取節故樹槐棘以表臣民之位也蓋外朝乃大詢衆庶之所其人衆多而龐雜故在大門之外而且掌之以刑官之屬以致其嚴肅之意此疏謂諸侯外朝在中門外大門内鄭氏朝士註謂外朝在庫門外皐門内皆恐非是又諸侯有庫門雉門無應門皐門説見明堂位

朝辨色始入君日出而視之退適路寢聽政使人視大夫大夫退然後適小寢釋服

朝謂臣朝君也辨色昧爽之後也臣入常先君出恒後尊卑之體然也小寢燕寢也諸侯正寢一燕寢三君旣退適路寢卿大夫亦治事於治朝之左右或事有當入謀於君者若孔

五百卅九

子揖齋升堂是也故君未可即退侯大夫治事畢退朝然後退適小寢釋服也此雖言諸侯禮其實天子亦然鄭氏曰釋服服元端

又朝服以食特牲三俎祭肺夕深衣祭牢肉朔月少牢五俎四簋子卯稷食菜羹夫人與君同庖釋文簠音甫本或作簋食音嗣庖步交反徐扶交反下同○按陸氏以四簋為四簠蓋據皇氏本

鄭氏曰食必復朝服所以敬養身也三俎豕魚腊祭牢肉異於始殺也天子言日中諸侯言夕天子言餕諸侯言祭牢肉互相挾釋稷食菜羹忌日貶也同庖不特殺也孔氏曰紂以甲子死桀以乙卯亡後王以為忌日稷食者食飯也以稷穀為飯以菜為羹而食之愚謂祭牢肉者切肉為小段以祭士虞禮所謂膚祭是也特牲而曰牢通朔食言之也五俎謂

九

羊也豕也魚也腊也膚也四簋黍稷各二也不言稻粱者食以黍稷為正稻粱為加此惟言其正者也諸侯朔食四簋則日食二簋子當朔食六簋日食四簋也子卯忌日貶損所以致戒懼之意稷食則無黍菜羹則不殺也夫人與君同庖蓋以右胖為君俎以左胖為夫人俎凡牲體貴右也○鄭氏曰五俎豕魚腊加羊與其腸胃也朔月四簋則日食稻粱各一簋而已孔氏曰少牢五俎加羊與膚為五但少牢祭神此人君所食無膚而有腸胃也朔月四簋故知日食二簋以稻粱美物故知各一簋詩云每食四簋註云四簋黍稷稻粱是簋盛稻粱也且此文諸本皆作簋字皇氏以註云稻粱以簠宜盛稻粱故以四簋為四簠未知然否以此而推天子朔月六簋黍稷稻粱麦苽各一簋若盛食則八簋故小雅陳饋八簋

五百四十六

按上下文義有無字當互易

當加以稻粱也愚謂五俎之物少牢禮有明文此註言五俎乃有膚而無腸胃者蓋鄭氏以夕深衣祭牢肉膚既用以夕祭則不當又為五俎之實耳孔氏乃以為神人之別此誤解註意也然五俎有膚而別留之以供夕祭未為不可鄭氏以腸胃倫五俎義無所據不可從也簋盛黍稷簠盛稻粱此言四簋詩言陳饋八簋祭統言六簋皆謂黍稷耳蓋食以黍稷為正以稻粱為加凡言飯食多舉其正而不及其加故但言簋而不及簠公食大夫禮倫有黍稷稻粱而其後言上大夫之禮云八豆八簋六鉶九俎亦不言簠亦此義也注疏於簋兼稻粱言之皆非是○古者貴賤日皆五食朝服以食特牲三俎祭肺此朝食也夕深衣祭牢肉此夕食也此二者每日之正食又前於天子言日中而餕此在朝食夕食之間三也

又内則子事父母雞初鳴而衣服適父母舅姑之所饘酏酒醴芼羹菽麦蕡稻黍粱秫唯所欲又云命士以上父子異宮昧奭而朝慈以旨甘此在朝食之前四也又云日夕而夕慈以旨甘此在夕食之後五也王每食皆以樂侑諸侯降於天子昧奭及日入之食皆不侑故魯有亞飯三飯四飯之官白虎通乃謂天子四飯諸侯三飯誤矣

○君無故不殺牛大夫無故不殺羊士無故不殺犬豕君子遠庖廚凡有血氣之類弗身踐也釋文遠于萬反踐音翦子淺反出註

鄭氏曰故謂祭祀之屬踐當為翦翦聲之誤也翦猶殺也愚謂諸侯朔食少牢故無故不殺牛以天子朔食大牢諸侯朔食少牢差之則大夫朔食特牲故無故不殺羊士朔食特豚故無故不殺犬豕君子之於禽獸也見其生不忍見其死聞其

聲不忍食其肉是以遠庖廚至於凡有血氣之類皆不忍親殺之又不獨牲牢之大而已蓋于（於）其不當殺者既節制而不敢過其不得已而殺者亦未嘗不有以養其仁愛之心也

至于八月不雨君不舉

鄭氏曰為旱變也此謂建子之月不雨盡建未月也春秋之義周之春夏無雨未能成災至其秋秀實之時而無雨則雩雩而得之則書雩喜祀有益也雩而不得則書旱明災成也愚謂周之春夏不雨則首種不入宿麦（麥）不成不必盡建未之月而已為災矣記者蓋見春秋於僖二年冬十月書不雨至三年六月書雨又文二年書自十有二月不雨至于秋七月皆歷時不雨至建午建未之月得雨而不書旱故為說如此不知春秋書不雨即為災不必書旱也舉謂舉肺脊以祭也

十一

君每日殺牲以食則舉肺脊以祭不舉謂不殺牲也

○年不順成君衣布搢本關梁不租山澤列而不賦土功不興大夫不得造車馬釋文衣於既反搢徐音箭又如字

鄭氏曰皆為凶年變也君衣布者謂若衛文公大布之衣大帛之冠是也搢本去珽荼佩士笏也士以竹為笏飾本以象列之為言遮迾也雖不賦猶為之禁不得非時取也造謂作新也愚謂衣布以白布為衣又降於天子之素服也搢所謂搢之笏也君笏用象今但用象為本與大夫士同也此於大司徒荒政為眚禮去幾舍禁弛力之事所以自貶其責省國用而寬民力也前言凶年天子貶降之禮此又言諸侯貶降之禮而其文各有詳畧亦所以互相備也

○卜人定龜史定墨君定體

自按周礼至作謝當ㄅ作双行小註

之字依本ㄅ删

鄭氏曰定龜謂靈射之屬所當用者定墨視兆坼也定體視兆所得也周公曰體王其無害孔氏曰定龜者人按龜人云天龜曰靈屬地龜曰繹屬東龜曰果屬西龜曰雷屬南龜曰獵屬北龜曰若屬各以其方之色與其體辨之鄭云之屬言非一也色謂天龜元地龜黃東青西白南赤北黑也龜俯者靈仰者繹前弇果後弇獵左倪雷右倪若定之者定其所當用謂卜祭天用靈祭地用射射則繹也按周禮作繹爾雅作射射即繹也繹文引爾雅作謝春用果秋用雷之属也史定墨者凡卜必以墨畫龜求其吉兆若卜從墨而兆廣謂之卜從周禮占人註云墨兆廣也體謂五行之兆象既得兆象君定其體之吉凶尊者視大卑者視小故占人云君占體大夫占色史占墨卜人占坼愚謂卜人卜師也定體定龜體所當

灼卜師云凡卜辨龜之上下左右陰陽以授命龜者鄭氏云上仰者也下俯者也左左倪也右右倪也陰後弇也陽前弇也即此卜人定龜之事也史大史也大史大祭祀與執事卜日國語晉獻公卜伐驪戎史蘇占之左傳晉趙鞅卜救鄭占諸史趙史墨史龜凡卜以火灼龜視其裂紋以占吉凶其鉅紋謂之墨其細紋旁出者謂之坼謂之墨者卜以墨畫龜腹而灼之其從墨而裂者吉不從墨而裂者凶故卜吉謂之從裂紋不必皆從墨以其吉者名之故總謂之墨也體謂五行之體洪範曰雨曰霽曰蒙曰驛曰克是也將卜卜師定体以授命龜者卜兆既成君先視之而定其五行之体次則大夫視之而占其色之明暗次則大史視之而占其墨之從否次則占人視其坼而總斷其吉凶故周禮占人云君占體大夫

占色史占墨卜人占坼此不言大夫與卜人者文畧也

○君羔幦虎犆大夫齊車鹿幦豹犆朝車士齊車鹿幦豹犆釋文幦音覓徐苦狄反犆依註音直

鄭氏曰幦覆苓也犆讀皆如直道而行之直直謂緣也羔幦虎犆此君齊車之飾臣之朝車與齊車同飾孔氏曰詩大雅鞹鞃淺幭毛傳云幭覆軾幭即幦也詩云淺幭以虎皮為幭此用羔幦者詩據以虎皮飾幦謂之淺幭也據此註則君之朝車與朝車不同但無文以言之愚謂士喪禮乘車鹿淺幦又曰道車載朝服道車則朝車也乘車在道車之上則齊車也鹿淺幦即此之鹿幦羔犆也道車不言其幦明與乘車同也

次朝字按疏改作齊

羔當作豹

○君子之居恒當户寢恒東首若有疾風迅雷甚雨則必變雖夜必

十三

興衣服冠而坐釋文首手又反迅音峻又音信衣於既反下衣布同又如字

鄭氏曰當户鄉明東首首生氣也必變必興而坐敬天之怒

愚謂君子謂卿大夫以下也當對也當户者坐於東北隅而南向也與户相對也禮運曰死者北首生者南鄉當户者牖爾雅曰室東北隅謂之宧以其為人所常處故以頤養為名

日五盥沐稷而靧粱櫛用樿櫛髮晞用象櫛進禨進羞工乃升歌釋文盥音館靧音悔櫛則乙反樿章善反禨其既反

鄭氏曰晞乾也沐靧必進禨作樂盈氣也更言進羞明為羞籩豆之實孔氏曰盥洗手也沐沐髮也靧洗面也用稷粱之湯沐洗面沐髮並須滑故也人君靧沐皆粱樿白理木也櫛梳也沐髮為除垢膩故用白理澁木以為梳晞乾燥也沐已燥則髮澀故用象牙滑梳以通之也禨謂酒也羞謂籩豆之

拒拭也

五刁廿九

實知非庶羞者庶羞為食而設今為飲設羞故知非庶羞也進羞之後樂工乃升堂以琴瑟而歌此皆為新沐體虛補氣益也

浴用二巾上絺下綌出杅履蒯席連用湯履蒲席衣布晞身乃屨進飲

釋文絺丑疑反綌去逆反杅音雩蒯苦恠反連力旦反屨九具反本又作履

鄭氏曰用絺綌刷去垢也杅浴器也蒯席濕[澁]便於洗足也連猶釋也進飲亦盈氣也孔氏曰浴杅浴之盆也出杅浴竟而出盆也蒯菲草席澀出杅而足踐履澀草席上刮去垢也連用湯言釋去足垢而用湯蘭也輔氏廣曰屨服之末進屨則衣服皆舉矣故進飲焉愚謂絺精而綌粗蒯席粗蒲席精上絺下綌出杅履蒯席既連用湯乃履蒲席皆用物之宜也布浴衣也喪大記曰柜[拒]用浴衣如它日謂之布者以別於巾之

用絺綌也晞乾也衣布晞身言衣浴衣以拭乾其身也進飲即進禨也不言進羞升歌者蒙前可知也或謂浴之禮殺於沐非也内則及聘禮皆言三日沐而五日浴則浴之禮非殺於沐矣

〇將適公所宿齋戒居外寢沐浴史進象笏書思對命既服習容觀玉聲乃出揖私朝煇如也登車則有光矣釋文煇音暉〇今按觀當音古亂反

鄭氏曰思所思念以告君者也對所以對君者也命所受君命也書之於笏君為失忘也玉聲玉佩私朝自大夫家之朝也揖其臣乃行愚謂此謂境邑之臣入見於君者也宿夙也宿齋戒謂前夕齋戒也外寢正寢也齋必居正寢臣之對君如對神明故宿齋戒居外寢沐浴以祭祀之禮自處也史大夫之史也雜記如筮則史練冠長衣以筮象笏者大夫之笏

壽五十九

以象爲本也服朝服也容觀謂儀容可以觀示於人也玉聲玉佩進退鏘鳴之聲出寢門也煇光皆謂儀容之盛而光又盛於煇也蓋內存乎齊肅之誠而外發爲儀容之美故揖私朝而已煇如其登車而至君所則有光明而不至隕越矣

○天子搢珽方正於天下也諸侯荼前詘後直讓於天子也大夫前詘後詘無所不讓也釋文珽他頂反荼音舒詘卯勿反後如字徐胡豆反

鄭氏曰此亦笏也謂之珽珽之言珽然無所屈也或謂之大圭長三尺杼上終葵首終葵首者於杼上又廣其首方如推（椎）頭是謂無所屈後則恒直相玉書曰珽玉六寸明自照荼讀爲舒遲之舒舒懦者所畏在前也詘謂圜殺其首不爲推（椎）頭諸侯唯天子詘焉是以謂笏爲荼大夫奉君命出入者也上有天子下有已君又殺其下而圜孔氏曰此論天子以下笏

十五

制不同方正於天子者言珽然無所詘示已之方平正直而布於天下前詘謂圜殺其首後直下角正方讓於天子者降讓於天子也大夫前詘後詘無所不讓者大夫上有天子下有已君上下皆須謙退也陳氏祥道曰天子之朝日執鎮圭搢大圭所執者贊也所搢者笏也諸侯執命圭必搢荼大夫執聘圭必搢笏及其合瑞而受圭則執其所搢而已天子之笏曰珽諸侯曰荼大夫以下曰笏尊者文其名卑者命其實也愚謂荀子云天子御珽諸侯御荼大夫服笏是珽與荼皆笏之異名也笏長六尺有六寸而玉人云大圭長三尺則天子之笏其終葵首長四寸也而相玉言珽玉六寸者蓋珽玉別有長六寸者耳非謂天子大圭之終葵首也爾雅云圭大尺二寸謂之玠而詩言錫爾介圭則侯伯七寸之圭耳豈相

元本作二尺有六寸

相玉下當有書字

按集說庾氏名蔚

妨哉

侍坐則必退席不退則必引而去君之黨

鄭氏曰引卻也黨鄉之細者退謂旁側也辟君之親黨也愚謂黨所也公羊傳曰往黨衛侯會公于沓反黨鄭伯會公于渠臣侍君坐則必退其席而遠君如君命之勿退則亦必引卻而稍離君所皆所以明退讓之義也鄭以黨為可親黨非是士大夫位次有定豈以君之親黨而有異乎

登席不由前為躐席釋文為于偽反本又如字躐力輒反

鄭氏曰升必由下也庾氏蔚之曰失節而踐曰躐愚謂此謂數人同坐之席也數人同坐之席以前為上後為下升必由下於坐乃便也若由前則失其節矣

徒坐不盡席尺

十六

鄭氏曰示無求於前不忘謙也孔氏曰徒空也空坐謂非飲食及講問時也不盡席之前畔有餘一尺謙也

讀書食則齊豆去席尺

鄭氏曰讀書聲當聞長者食為汚席也愚謂齊謂與席之前畔齊也讀書則前有簡策食則前有饌具坐必盡前乃於事便也豆去席尺言食所以齊席之故也

經作辯

若賜之食而君客之則命之祭然後祭先飯辯嘗羞飲而俟釋文飯扶晚反下至三飯皆同辯音徧

鄭氏曰雖見賓客猶不敢備禮也君將食臣先嘗之忠孝也飲而俟俟君食而後食孔氏曰祭祭先也禮敵者共食則先祭若降等之客則後祭若臣侍君而賜之食則不祭若賜食而君客禮待之則得祭雖得祭又先須君命之祭後乃敢祭

飧

第廿一

也飯食也君未食而臣先食遍嘗羞饌嘗食之義也飲而俟者禮食未飧必先啜飲以利滑喉中不令澀噎君既未飧故臣亦不敢飧而啜飲以俟君飧臣乃敢飧愚謂共食之禮皆主人先祭而客祭曲禮主人延客祭是也若侍君食則不祭若君客之則命之祭臣乃祭也君食必有膳宰嘗食若以客禮待臣則不使膳宰嘗食以主道自居也故侍食者先飯辯嘗羞亦代膳宰之事也

若有嘗羞者則俟君之食然後食飯飲而俟 飯字句

鄭氏曰不祭侍食不敢備禮也不嘗羞膳宰存也飯飲利將食也孔氏曰此謂臣侍食得賜食而非君所客者也既不得為客故不得祭亦不得嘗羞則君自使膳宰嘗羞也既不祭不嘗則俟君之食已乃食也愚謂飯飲而俟者謂既飯亦先

十七

啜飲而俟君之飧也

君命之羞，羞近者，命之品嘗之，然後唯所欲。凡嘗遠食，必順近食。

鄭氏曰：羞近者，辟貪味也。順近食，從近始也。孔氏曰：君命之羞，羞近者，猶是君所不容者也。雖君已食，已乃後食，而猶未敢食羞，故又須君命。雖得君命，猶未自專，嘗先食其近前一種者而止。若越次前食遠者，則為貪味也。命之品嘗之，然後唯所欲者，品猶徧也。既未敢越次多食，故君又命已徧嘗。而已乃徧嘗之後，則隨已所欲，不復次第也。凡嘗遠食，先順近食，亦辟貪味也。客與不客，悉皆如此，故云凡。

君未覆手，不敢飧。君既食，又飯飧。飯飧者，三飯也。釋文：覆，芳服反。飧音孫。

鄭氏曰：覆手以循咡，已食也。飧勸食也。三飯也者，臣勸君食，如是可也。孔氏曰：覆手者，謂食飽必覆手以循口邊，恐有殽粒

汚著之也飧謂用飲澆飯於器中也禮食竟更作三飧以勸
助令飽實也愚謂食畢者必覆手弟子職曰既食乃飽循咡
覆手君未覆手不敢飧者飧以勸君之飽君食未畢不敢遽
勸之也君已食又飯飧者君已食覆手臣乃又飯飧以勸其
飽也三飯謂食三口也飯飧者三飯也者言飯飧以三飯為
節也

君既徹執飯與醬乃出授從者 釋文從才用反
飯醬者食之主執飯醬以授從者重君之所賜而將之以歸
也凡常〔嘗〕遠食以下之禮客與不客之所同也○凡食於人之
禮皆親徹然大夫相食客徹于西序端而曲禮客自前跪執
飯齊以授相者燕食之禮殺于〔於〕禮食也公食大夫賓擁簠粱
右執湆以降奠于階西此乃執飯醬出授從者臣侍君食異

於為賓客之禮也

○凡侑食不盡食食於人不飽惟水漿不祭若祭為已儳卑釋文儳虛涉反鄭氏曰已猶泰也水漿非盛饌祭之為太有所迫畏臣於君則祭之愚謂侑勸也侑食謂侍食於尊者主於勸尊者之飽故不盡食即上文云飯飧者三飯也是也食於人以下明獻者為客之禮也不飽者謙退不敢取足也水漿非盛饌故不祭儳厭也若祭水漿則過於厭降卑微而失禮之節也若臣於君則祭之故公食大夫禮宰夫執觶漿以進賓受坐祭遂飲

君若賜之爵則越席再拜稽首受登席祭之句飲卒爵而俟君卒爵然後授虛爵君子之飲酒也受一爵而色洒如也二爵而言言斯句禮已三爵而油油以退句退則坐取屨隱辟而后屨坐左納

玉句卅六

右坐右坐右納左釋文洒先典反王肅作察云明貌也言言魚斤反油油音由本亦作由王肅本亦作三爵而言註云飲三爵可以語也又云言斯禮註云語必以禮也三爵而油註云悅敬貌無已反下油字也辟匹亦反徐房亦反而后𢓊一本作而後𢓊

此言臣侍君私燕受爵之禮也燕禮受賜爵者公卒爵而後飲此乃先君飲者蓋燕禮為賓客於君則有以賓禮自處之嫌故後君而飲所以明退讓之義此侍飲於君則有勸飲之義故先君而飲所以盡忠孝之懷也洒如肅敬貌言言與誾誾同和敬貌斯語助詞已止也禮已三爵者侍燕之禮止於三爵也左傳曰臣侍君宴過三爵非禮也蓋私燕之禮如此若正燕則有無算爵不止於三爵也油油自得之貌蓋始則專於敬繼而兼於和至油油則和之至矣燕飲之間其情之漸洽者如此然禮止于三爵則和而不流又有以不失其敬

十九

屨當作屨

矣屨解於堂下退則跪而取之敬也隱辟謂堂下序東也

隱辟而後屨者不敢對君納屨故就君所不見之處而納之

也坐左納右坐右納左者雖在隱辟猶不敢不敬也

○凡尊必上元酒

此明設尊之法也凡設尊必以元酒配酒而設而以元酒為

上重古之義也故鄉飲酒特牲禮東西列尊元酒在西以西

為上燕禮大射南北列尊元酒在南以南為上

唯君面尊

面猶鄉也燕禮公席于阼階上西鄉司宮尊于東楹之西兩

方壺左元酒南上公尊瓦大兩有豐在尊南南上蓋人君燕

其臣子得專恩惠故設尊於君之前而君鄉之言此酒出自

君也○孔疏以面尊為尊鼻鄉君又謂兩君相見尊於兩楹

四百七十五

便當作使

已當作見

間皆非是說見少儀及郊特牲

唯饗野人皆酒

鄭氏曰飲賤者不備禮孔氏曰饗野人謂蜡祭也野人賤不得本古又無德則宜貪味故唯酒而無水也

大夫側尊用棜士側尊用禁釋文棜於據反

鄭氏曰棜斯禁也無足有似於棜愚謂側尊謂設尊於旁側不專便使主人鄉之明與賓客共此酒也鄉酒飲義曰尊于房戶之間賓主共之也是也棜禁說已見禮器

○始冠緇布冠自諸侯下達冠而敝之可也釋文始冠古亂反冠而同敝音弊本亦作弊

鄭氏曰本大古耳非時王之法服也愚謂自諸侯下達者天子冠不用緇布冠也○孔氏曰自此至魯桓公始也廣論上下及吉凶冠之所用惟五十不散送及親沒不髦記者雜錄

廿

廁在其間

玄冠朱組纓天子之冠也緇布冠繢緌諸侯之冠也釋文繢户内反緌耳佳反

鄭註繢或作繪緌或作蕤

鄭氏曰皆始冠之冠也元冠委貌也諸侯緇布冠有緌尊者飾也愚謂諸侯以下始冠緇布冠而天子元冠不組纓緇布冠無緌而諸侯則繢緌尊者文縟也緌纓之垂者繢緌則繢纓矣於天子言纓不言緌諸侯有緌則天子可知也於諸侯言緌不言纓言緌則纓見言緌纓則緌不見也士冠禮緇布冠青組纓繢之色華於青朱之色盛於繢也

玄冠丹組纓諸侯之齋冠也玄冠綦組纓士之齋冠也釋文齋側皆反下同綦音其徐其旣反

鄭氏曰言齋時所服也四命以上齋祭異冠愚謂此言齋冠

五丁十五

之纓之别也丹赤色綦蒼艾色上舉諸侯下舉士則卿大夫助祭與自祭其宗廟其齊無不以元冠矣特其纓有異耳以丹與綦之色差次之卿大夫蓋繢組纓與此言元冠爲諸侯之齊冠而不及天子則天子齊不以元冠也大戴禮哀公問曰端衣元裳絻而乘輅者志不在於食葷蓋謂天子之齊也是天子齊服元冕元裳矣諸侯齊雖元冠與大夫士同其衣蓋以朝服而亦變其裳以元與○鄭氏謂四命以上齊祭異冠此以自祭其宗廟言之義自可通若助祭於君則雖士亦齊祭異冠豈待四命乎孔疏乃欲曲通之於助祭則其説愈支而愈窒矣

縞冠玄武子姓之冠也　釋文縞古老反又古報反下同

鄭氏曰父喪未除子爲之不純吉也武冠卷也古者冠卷殊

孔氏曰：卷用元而冠用縞，冠卷異色，故云古者冠卷殊。如鄭此言，則漢時冠卷共材。愚謂用縞為冠，用元為武，縞為凶，元為吉，冠在上，武在下，以象父猶有喪而子已即吉也。姓，生也。孫乃子之所生，冠此冠者，自父言之則為子，自父所為服者言之則為孫，故曰子姓之冠。

縞冠素紕，既祥之冠也。釋文：紕音埤，又婢支反。

縞，白色生絹。素，今之白色綾也。紕，緣也。衣冠之制，其用為緣者，必視其為衣冠者而加精美焉。喪既大祥，除去喪冠，則以縞為冠，以素為紕，素精於縞也。此冠或以其冠名之，則謂之縞冠，小記「除成喪者，朝服縞冠」是也；或以其紕名之，則謂之素冠，詩「庶見素冠兮」是也；或但謂之縞，檀弓「祥而縞」，雜記「既祥，雖不當縞者必縞」是也；或兼謂之素縞，間傳「大祥素縞麻衣是也其名雖異其實則一冠也○先儒謂祥日縞冠既祥以哀情未忘更服微凶之服故縞冠素紕禫日元冠黄裳既禫亦以哀情未忘更服纖冠朝服見於此篇及小記雜記間傳諸篇之註䟽者不一盖本於戴德變除禮愚竊以為不然縞薄而素厚縞惡而素美以天子諸侯素帶弟子縞帶觀之亦可見矣謂縞凶於素則可謂素凶於縞則非變除之禮以漸即吉未有既除而反服微凶之服者果爾則練祭練冠練後何以不別製他冠乎此云縞冠素紕既祥之冠雜記云既祥雖不當縞者必縞實一冠也縞冠素紕而或曰縞冠或曰素縞猶士練帶緇紕而或謂練帶或謂緇帶耳未可因其名之不同而强生區别也然則大祥之素縞從祥日服之以至於禫而除者也禫之纖冠從禫日服之以至於吉祭而除者

也又何疑焉

垂緌五寸惰游之士也玄冠縞武不齒之服也釋文惰徒卧反

鄭氏曰惰游罷民也亦縞冠素紕凶服之象也不齒所放不率教者孔氏曰以惰游與下不齒相連故知是周禮坐嘉石之罷民愚謂冠緌之長短未聞以居冠屬武推之則緌之長可自頷而上結于武盖吉冠尺有二寸而祥冠一尺與罷民凶冠所以表其凶德以耻辱之又減其緌以别於既祥之服也不齒者圜土之罷民既出而三年不齒者者也圜土之罷民弗使冠飾而加明刑其罪本重於坐嘉石者及其既改而出圜土則視坐嘉石者為輕故元冠而縞武亦視縞冠素紕為稍優然猶不得遽同於平人也聖人激勸之權審矣

居冠屬武自天子下達有事然後緌釋文屬章欲反

居燕居也燕居無事於飾故以冠纓之垂者旁屬於武之兩旁有事然後垂之以爲飾也自天子以下皆然

五十不散送　釋文散悉但反

鄭氏曰送喪不散麻始衰不備禮愚謂始死要經散垂三日成服乃絞之啟殯之後亦散垂至葬乃絞之五十不散送則始死猶當散麻與

親沒不髦　釋文髦音毛

鄭氏曰去爲子之飾

大帛不緌　帛鄭氏讀爲白今如字

鄭氏曰帛當爲白聲之誤也大白白布冠也不緌凶服去飾愚謂大帛謂以白色繒爲冠所謂素冠也左傳衛文公大帛之冠蓋人君遭凶禮喪師邑及士大夫去國之所服也雜記

元本作繒草書形似誤絕

曰委武元縞而后緌是冠有武者乃有緌大帛之制如喪冠而厭伏故不緌然大帛精於縞縞冠有緌而大帛無緌者蓋縞冠由凶而轉趨於吉故有緌以明變除之漸大帛在吉而自處以凶故去緌以示貶損之意也

元本有緌

玄冠紫緌自魯桓公始也

鄭氏曰緌當用績孔氏曰上文云緇布冠績緌諸侯之冠故知緌當用績愚謂紫間色不正不當用為冠緌時人尚紫故魯桓公用之鄭氏謂僭宋王者之後服臆説無據

朝玄端夕深衣釋文朝直遥反。按朝字當如字

此謂大夫士燕居之服也玄端玄冠端衣也端正也玄端之衣以十五升布緇而為之前後各二幅其長二尺二寸幅廣亦二尺二寸長與幅廣正等故曰端深衣以十五升白布連

玉藻廿四

衣裳為之以其被體深邃故曰深衣天子皮弁視朝遂以食卒食服元端諸侯朝服視朝退適路寢釋服服元端又朝服以食卒食服深衣大夫士朝服以朝退朝服元端以食卒食服深衣也若大夫視私朝亦朝服也○凡禮服皆端也樂記端冕而聽古樂大戴禮端衣元裳絻而乘輅此冕服謂之端也左傳晏子端委立於虎門之外又劉定公曰吾與子弁冕端委以治民臨諸侯又子贛曰大伯端委以治周禮此朝服謂之端也而元端獨以端為名蓋深衣連衣連衣裳為之元端乃禮服之下衣之端者自此始故專以端名焉元端之衣雖與朝服以上同制而其袂則異雜記凡弁絰其衰侈袂弁絰之衰侈袂則吉時皮弁爵弁之服侈袂可知少牢禮主人朝服主婦錫衣侈袂主婦衣侈袂則主人朝服侈袂可知

特牲禮主人元端不言侈袂則袂不侈也元端之制雖不可考而喪服記言喪衰之制云袂屬幅衣二尺有二寸袪尺二寸士之喪衰與元端同制者也是元端之袂屬於衣為二尺二寸至袖口而圜殺為尺二寸與深衣同若朝服以上則其袂不殺不殺故侈殺之故不侈此端衣與朝服以上之異制也○自此以下至弗敢充也明衣服之制

深衣三袪縫齊倍要衽當旁袂可以回肘釋文深衣三袪起魚反或無衣字縫音逢齊音咨要一遙反衽而審反又而鴆反袂面世反肘竹丑反○鄭註縫或為逢或為豐

此詳深衣之制也袪袪口也三袪謂其要中之度也要謂裳之上畔也深衣三袪者深衣袪尺二寸圜之為二尺四寸而其要中七尺二寸三倍於其袪之數也縫紩也齊裳之下畔也縫齊倍要者言裳之下畔縫紩之而其度一丈四尺四寸

元本有愈字

又倍於要中之數也此二句言裳之制也衽衣襟也禮衣之衽在中而深衣之衽掩於旁與禮衣異也袂可以回肘者袂廣二尺二寸肘長尺二寸故可以回肘此二句言衣之制也○凡衽者皆所以掩衣裳之交際者也然有禮衣之衽有深衣之衽有在衣之衽有在裳之衽鄭氏之註既未晰而後之說者或混衣之衽於裳或混禮衣之衽於深衣或又即指深衣之裳幅爲衽是以其說愈繁而亂也古之禮衣皆直領而對襟其衽在左襟之上若舒其衽以掩於右襟之内謂之襲摺其衽於左襟之内謂之裼此禮衣在衣之衽也禮衣之裳前三幅後四幅前後不屬而其衽二尺有五寸屬於衣而垂於裳之兩旁以掩其前後際此禮衣在裳之衽也深衣之衣爲曲領相交其衽亦在左襟之上而恒以掩於右襟之外此

廿五

深衣在衣之衽也其裳則前六幅後六幅皆交裂之寬頭在下狹頭在上於前裳之左為衽而縫合於後裳於前裳之右為衽而不縫合至衣時則交於後裳此深衣在裳之衽也在裳之衽禮衣與深衣皆在兩旁惟在衣之衽則禮衣之衽掖而又掩於襟内其襲而見於外則當心而直下深衣之衽稍濶又緣其旁而掩於襟外以交於右腋之側此言衽當旁以見其異於禮衣乃指在衣之衽而非指在裳之衽也至小要之取名於衽則獨當指深衣在裳之衽而其在衣之衽與禮服之衽皆無與焉喪服記云衽二寸有五寸鄭注云上正一尺燕尾二尺有五寸凡用布三尺五寸賈疏云取布三尺五寸廣一幅留上一尺為正一尺之下旁入六寸乃邪向下一畔一尺五寸去下畔亦六寸横斷之留下一尺為正則用布

獨當疑當作當獨

尺元本不誤

五百〇八

三尺五寸得兩衽衽各二尺五寸蓋禮衣在裳之衽其制若此深衣之衽在裳之左右者亦然濶頭在上狹頭在下其所交後裳之幅則濶頭在下狹頭在上如此則上下相交正如小要之形故深衣記謂之鉤邊而鄭氏喻之以曲裾也

元本無袂字蓋誤按毛本誤也今據阮本及集說補

長中繼揜尺袷二寸袪尺二寸緣廣寸半釋文袷音劫緣尹絹反廣徐公曠反後文皆放此

鄭氏曰其為長衣中衣則繼袂揜一尺若今襃矣深衣則緣而已袷曲領也袪（袂）口也緣飾邊也愚謂長衣中衣皆衣衿上服之內者也吉服謂之中衣喪服謂之長衣蓋吉服之中衣恒服在內凶服之中衣則如遭喪受聘之大夫大夫筮葬之史皆釋衰而即用為外服故不謂之中衣而因其袂之長謂之長衣也繼揜尺者更以一尺續于（於）袂口而揜覆于（於）手也長

廿六

中之制悉與深衣同其異於深衣者惟此也蓋深衣用之燕居故袂短反屈之及肘而已長中在禮服之内禮服袂長故長中之袂亦長欲其與上服稱也袷二寸以下兼承深衣長中言之也深衣用十五升白布為之長中則各視其上服之所用焉

以帛裏布非禮也釋文裏音里

鄭氏曰中外宜相稱也冕服絲衣也中衣用素朝服元端麻衣也中衣用布愚謂裏謂中衣之裏也長中與深衣同制然深衣禪而長中有裏檀弓練衣黃裏是也中衣之所用與上服同皮弁服爵弁服冕服中衣用帛其裏亦用帛元端朝服中衣用布其裏亦宜用布也鄭氏以裏為中衣非是又中衣所用之色亦並與上服同祭服之中衣用元下言元綃衣是

のヲ九十

者疑衍文本疏亦無者字

雜據本疏改

也鄭氏謂冕服中衣用素亦非也

士不衣織無君者不貳采　釋文衣於既反織音志

鄭氏曰織者染絲織之士衣染繒大夫去位宜服元端元裳孔氏曰織之者染絲織之功多色重士賤不得衣也大夫以上衣者織無君者不貳采是有采色但不貳耳大夫士去國服素衣素裳三月之後服元端元裳愚謂染絲織之若今之緞染繒織成而染之若今之綾紬

衣正色裳間色　釋文間音閒廁之間

鄭氏曰謂冕服元衣纁裳孔氏曰元是天色故為正纁是地色赤黃之色故為間色皇氏云正謂青赤黃白黑五方正色也不正謂五方間色綠紅碧紫騮黃是也青是東方正綠是東方間東為木木克土土黃並以所克為間故綠色青黃也

廿七

赤是南方正，紅是南方間。南爲火，火赤克金，故紅色赤白也。白是西方正，碧是西方間。西爲金，金白克木，故碧色青白也。黑是北方正，紫是北方間。北方水，水色黑，克火，故紫色赤黑也。黄是中央正，騮黄是中央間。中央爲土，土克水，故騮黄之色黄黑也。愚謂正色五方之純色，衣在上爲陽，故用正；裳在下爲陰，故用間色。所以法陽之奇也。間猶雜也，謂兼雜二色，所以法陰之耦也。祭服上元象天，下纁象地。纁兼赤黄之色，黄爲土之正色，而赤色屬火，火者土之母，故兼二色以象地焉。

非列采不入公門，振絺綌不入公門，表裘不入公門，襲裘不入公門。

釋文：振，依註爲袗，之忍反。

鄭氏曰：列采，正服。振讀爲袗。袗，禪也。表裘，外裘也。二者形且褻，

五丁卅八

皆當表之乃出襲裘不入公門衣裘必當裼也孔氏曰袗絺綌其形褻露表裘在衣外可鄙褻也愚謂非列采若衛渾良夫紫衣是也絺綌夏之褻衣裘冬之褻衣其上必有中衣與禮衣焉袗絺綌表裘皆謂以裘葛為外服也但絺綌輕涼故據其不加餘服而曰袗裘有文采故據其在外露見而曰表其實則一也朝君以裼為敬故襲裘不入公門

纊為繭縕為袍禪為絅帛為褶釋文纊音壙繭古典反縕紆粉反縕又紆郡反袍步羔反絅苦迴反徐又音迴褶音牒

鄭氏曰繭袍衣有著之異名也纊今之新綿也縕今之纊及舊絮也絅有衣裳而無裏褶有表裏而無著愚謂纊與縕皆漬繭擘之新而美者為纊惡而舊者為縕衣以纊著之者謂之繭雜記子羔襲有繭衣裳左傳楚薳子馮重繭衣裘是也

廿八

元本有衣

衣以縕著之者謂之袍論語衣敝縕袍是也衣之無裏者謂之禪詩言衣錦絅衣裳錦絅裳此絅之加於禮服之外者也此言禪為絅與袍繭為類此絅衣之服於中服之内者也衣之有表裏而無著者謂之褶喪大記君褶衣褶衾士喪禮曰襚者以褶則必有裳是也絅與潁同雜記如三年之喪則既潁其練祥皆行鄭氏曰潁草名無葛之鄉去麻則潁是絅者麻葛之類禪以絅為之故曰禪為絅褶則表裏皆用帛為之故曰帛為褶褶既用帛則袍繭表裏用帛可知裘與絺綌各夏之褻也此四者春秋之褻衣也四者之外則有中衣中衣之外則有上服袍繭褶服於稍寒之時故貴其煖也禪衣服於温煦之候故用絅貴其輕涼也

朝服之以縞也自季康子始也孔子曰朝服而朝卒朔然後服之

凡在朝君臣同服天子朝服皮弁服衣以素諸侯朝服元冠緇衣縞色與素同而惡於素康子以此為朝服蓋僭天子大夫朝服之衣而又不敢盡同也卒朔謂卒視朔之事也孔子言諸侯視朔用皮弁服卒視朔之事然後服朝服以朝記者引此以明朝服以縞之非禮也

曰國家未道則不充其服焉

鄭氏曰謂若衛文公者未道未合於道愚謂國政治曰有道國政亂曰無道此曰未道者言非國政之失而所值之時未平也蓋或承喪亂之後或值凶札之時則君不充其服自貶損以足用也此上蓋有脫文

唯君有黼裘以誓省大裘非古也釋文黼音甫省依註作獮息典反○今按省當讀為社

鄭氏曰大裘僭天子也天子祀上帝則大裘而冕黼裘以羔

廿九

與狐白雜為黼文也省當作獮狄田也國君有黼裘誓獮田之禮愚謂夏小正季秋始裘月令孟冬始裘獮在仲秋未可服裘也郊特牲君親誓社鄭註云社或作省此誓省亦當作誓社誓社為社田而誓衆也誓衆尚嚴斷故服黼裘大裘天子祭天之服謂之大裘者尊其稱猶祭天之車謂之大路也大裘之所用不可考今裘以元狐為最尊大裘蓋用元狐為之與時魯僭郊禮故服大裘以祭天記者言諸侯唯得服黼裘以誓社若服大裘則非古禮也○先儒謂大裘為黑羔裘蓋以祭服必元故據以推裘之所用耳然羔裘自諸侯以下皆服之而大裘則惟天子服以祀天若大裘即羔裘何以言大裘非古乎

君衣狐白裘錦衣以裼之 釋文衣於既反下不衣同

按本疏改使

五百五十二

鄭氏曰君衣狐白毛之裘則以素錦為衣覆之便可裼也袒而有衣曰裼必覆之者裘褻也然則錦衣復有上衣明矣天子狐白之上衣皮弁服與凡裼衣象裘色也孔氏曰天子視朝服皮弁服內有狐白錦衣諸侯在天子朝亦然凡在朝君臣同服天子卿大夫及諸侯卿大夫在天子之朝亦狐白裘其裼不用錦衣當為素衣士不衣狐白天子之士及諸侯之士在天子之朝當麛裘素裼也諸侯朝天子受皮弁之賜歸國則亦錦衣狐裘以告廟秦詩云君子至止錦衣狐裘是也其在國視朔則素衣麛裘卿大夫亦然愚謂錦衣及下元綃衣之屬皆中衣也中衣之內冬則有裘夏則有絺綌春秋則有繭袍絅褶其外則有冕服皮弁服朝服之屬以舒上服之袪以掩中衣則為襲褶上禮服之袪而露其中衣則為裼中衣

朝下當有服

舒上以字上下禮字疑並衍文

之所用與其色皆隨禮服爲若褻衣則變易絺綌用葛禪用絅袍繭褶用帛皆無異物者也惟裘之取材不一先王制禮因别其貴賤輕重而服之而又辨其色使畧與外服相稱故此篇詳言之鄭氏謂袒而有衣曰裼又謂錦衣上有上衣皆是也然不能明錦衣之屬之即爲中衣且又誤立裼衣之名故於經義未晰曲禮曰天子視不上於袷又此篇云凡侍於君視帶以及袷袷者中衣之交領則在外服之内裼而露見者即爲中衣明矣裘褻不露見故服中衣於裘外裼時則露見此衣裼非衣名也狐白裘人君皮弁服之裘也錦衣者弁皮服以素爲中衣而以朱錦爲之領緣也以領緣名其衣猶郊特牲之言黼繡丹朱中衣也此不用黼繡丹朱中衣而用錦衣者以狐白裘華美故異其領緣以表之以人君中衣領

用丹朱故知此錦亦朱錦也狐白裘麛裘皆皮弁服之裘士不衣狐白則大夫以上皮弁服兼用二裘其所用之異不可考孔氏之所區別未知是否也

君之右虎裘厥在狼裘

鄭氏曰衛尊者宜武猛愚謂右左虎賁氏旅賁氏之屬也虎賁氏掌先後王而趨以卒伍旅賁氏掌執戈盾夾王車而趨左八人右八人虎裘狼裘象其威猛以衛君也

士不衣狐白

鄭氏曰辟君也狐之白者少以少為貴也

君子狐青裘豹褎玄綃衣以裼之麛裘青豻褎絞衣以裼之羔裘豹飾緇衣以裼之狐裘黃衣以裼之釋文豹包教反綃音消麛音迷豻音岸胡地野犬絞戶交反

裘據本注補
元本有也字

鄭氏曰：君子大夫士也。綃綺屬也。染之以元，與狐青裘相宜。狐青蓋元衣之裘。豻，胡犬也。絞，蒼黃之色。孔子曰：素衣麑裘，緇衣羔裘，黃衣狐裘。孔氏曰：皇氏云：元衣謂元端也。畿內諸侯用緇衣，畿外用元衣，此狐青是畿外諸侯朝服之裘。凡六冕及爵弁無裘。熊氏云：六冕皆有裘，此云元謂六冕及爵弁也。天子諸侯皆然，而云大夫士者，君用純狐青，大夫士雜以豹褎。內外諸侯朝服皆緇衣，以羔為裘，不用狐青也。劉氏云：凡六冕皆黑羔裘，故司服云祭昊天大裘而冕，以下冕皆不云裘，是皆用羔裘也。劉氏以此元衣為元端，與皇氏同。今按詩箋云：羔裘豹袪，卿大夫之服。檜風云：羔裘逍遥。論語云：緇衣羔裘。唐檜魯非畿內之國，何得云畿內諸侯緇衣，畿外諸侯元衣？若此元衣為畿外諸侯，鄭註此何得云君子大夫士

玉了十一

按本疏改

按經文褎當為飾

也又祭服無裘文無所出皇氏之說非也六冕皆用大裘是以小祭與昊天不異劉氏之說非也熊氏之說踰於二家聘禮公裼降立註引玉藻云麛裘青豻褎絞衣以裼之又以（引）論語云素衣麑裘皮弁時或素衣如鄭此言則裼衣或素或絞不定也熊氏云君用素臣用絞皇氏云素衣為正記者亂言絞耳愚謂君子狐青裘豹褎此希冕元冕爵弁服之裘也麛鹿子其色白麛裘青豻褎皮弁服之裘也羔裘豹褎（飾）朝服元端服之裘也豹褎（飾）猶詩言豹飾（褎）也狐裘元端服用於燕居之裘也黃中衣不與上服同色者以其用於燕居而畧其制也論語曰褻裘長短右袂狐貉之厚以居褻裘深衣之裘也大夫士朝元端則服狐裘夕深衣則服貉裘○旄丘之詩曰狐裘蒙戎匪車不東都人士之詩曰狐裘黃黃晉士蔿言狐裘

卄二

蒙尨一國三公以指獻公與二公子魯人言臧之狐裘以譏武仲是狐裘者自人君以下至於大夫士之所常服也鄭氏云黄衣大蜡時臘祭先祖之服誤矣郊特牲黄衣黄冠以祭乃謂蜡祭時野夫之服與此言黄衣不同若如鄭氏之説則黎人自賦其流離之狀魯人作歌於敗北之餘而乃獨舉臘祭之服以為言果何義乎且周本無臘祭説已見月令

錦衣狐裘諸侯之服也

鄭氏曰非諸侯則不用錦衣為裼也愚謂錦衣狐裘謂狐白裘以錦衣裼之也士不衣狐白大夫雖得衣狐白但用素衣裼之不得用錦衣也

犬羊之裘不裼不文飾也不裼

鄭氏曰犬羊之裘質畧亦庶人無文飾愚謂此下三節雜明

[illegible]三十

裼襲之義犬羊之裘庶人之所服也不裼者賤而畧之也不文飾也不裼者大夫士服裘雖裼若非行禮之地無事乎文飾者亦不裼也不裼則襲也

裘之裼也見美也弔則襲不盡飾也君在則裼盡飾也釋文見賢遍反

鄭氏曰君子於事以見美為敬弔則襲喪非所以見美孔氏曰弔襲謂主人既小斂之後若未斂之前則裼裘弔檀弓子游裼裘而弔是也凡敬有二體子於父以質為敬故父母之所不敢袒裼臣於君以文為敬故於君所則裼若平敵以下亦襲以其質畧故也愚謂凡中衣之領緣皆華於外服裼則露其中衣之領緣故謂之見美見美所以致飾也弔主哀故去飾君在主敬故盡飾

服之襲也充美也是故尸襲執玉龜襲無事則裼弗敢充也

卌四

鄭氏曰充覆也尸襲尸尊也執玉龜襲重寶瑞也無事則裼
謂已致龜玉也孔氏曰凡執玉得襲故聘禮執圭璋致聘則
襲若執璧琮行享則裼此執玉或容非聘享尋常執玉則亦
襲也龜是享禮庭實之物執之亦裼若尋常所執及卜則襲敬
敬其神靈也無事則裼謂行禮已致龜玉之後則裼不敢充
覆其美亦謂在君前故裼也若不在君所無事則襲愚謂上
文言裘之裼此變言服之襲者以明裼襲四時皆有不專屬
於裘也充者足乎內而無待於外之意裼以見美凡以致敬
而已而襲則義非一端犬羊之裘不裼以其人之賤而不足
見美也不文飾也不飾以其事之輕而不必見美也弔則襲
以其主於哀戚而不當見美也尸襲執玉龜襲一則以其象
鬼神之尊嚴而德充於內一則以其執國家之重器而敬存

廿二

於中而無待於見美也龍袞即不裼而記或言不裼或言龍袞者據其禮之輕則見不裼之義據其禮之重則見當龍袞之義也

凡行禮以裼為常其龍袞者皆有為為之也

卌四

辛亥卷　共結乙萬六千三百卅二字

連書面共卅六頁

五丁廿七

璆竹並據本疏改

禮記卷三十

玉藻第十三之二

○笏天子以球玉諸侯以象大夫以魚須文竹士竹本象可也釋文
球音求魚須文竹崔云用文竹及魚須也隱義云以魚須飾文
竹之邊須音班○按須字孔疏讀如字
鄭氏曰球美玉也文猶飾也大夫士飾竹以為笏不敢與君
並用純物也孔氏曰按釋地云西北之美者有崑崙墟之璆
琳琅玕焉李巡孫炎郭璞等並云球琳美玉球與璆同大夫
以魚須文竹者庾氏云以鮫魚須飾魚以成文愚謂象象牙
也大夫士並以竹為笏大夫以魚須飾其側士則不飾而其
本則大夫士並可用象也故前云史進象笏通謂大夫之禮
也○自此以下至其殺六分而去一明笏之制
見於天子與射無說笏入大廟說笏非禮也小功不說笏當事免

天子當從周禮作王

則說之既搢必盥雖有執於廟勿有盥矣釋文見賢徧反說本又作稅同他活反免音問

○石經禮作古

鄭氏曰言凡吉事無所說笏也大廟之中唯君當事說笏也免悲哀哭踊之時不在於記事也小功輕不當事可以搢笏也搢笏必盥為必執事愚謂說笏謂去於身也笏或執於手或搢於帶不執不搢是謂說笏天子尊極射禮文繁太廟之中嚴敬舉三事不說以見笏之無時而離也當廟中有事則搢之而已蓋雖主祭者亦然典瑞天子執鎮圭搢大圭以朝日是天子主祭亦搢笏鄭氏謂大廟之中君當事則說笏非也喪事則說笏哀不在於記事且為辟踊之有失墜也小功輕喪故不說笏當殯斂之事而免則說之亦為其妨於辟踊故也既搢必盥者言臣將朝君搢笏而往則必盥也雖有執

據經文改

於朝勿再盥矣者搢笏既盥自後雖在朝執笏可以不復盥
也
凡有指畫於君前用笏造受命於君前則書於笏笏畢用也因飾
焉釋文畫呼麥反造皇七報反舊七刀反
造進也謂人臣在朝進而受命於君前也畢盡也謂指畫記
事盡用笏也笏忽也其字從竹蓋本以竹為之如簡札之用
執之以便記事備忽忘而已後王漸文乃飾以他物以美其
觀而天子諸侯又别用象玉為之復殊其稱以為尊卑之别
焉
笏度二尺有六寸其中博三寸其殺六分而去一釋文殺色戒反下同去起呂反
周氏諝曰考工記曰大圭長三尺杼上終葵首天子服之相
玉書曰珽玉六寸明自照此言笏度二尺有六寸蓋考工記

鄭孔二説在前

二

周氏之說當移在鄭孔二說之後

蔽擬疏

兼其杼上終葵首言之故有三尺相玉書指其終葵首言之此去其杼上而言之天子無所屈則杼上四寸而終葵首諸侯前屈則杼上四寸而圜其首大夫前屈後屈則不特杼其上圜其首而又杼其下圜其末三等之笏雖殊而其中皆博三寸其殺皆六分去一而止於二寸有五分鄭氏曰殺猶杼也天子杼上終葵首諸侯不終葵首大夫士又杼其下首廣二寸半孔氏曰天子諸侯上首廣二寸半其天子椎頭不殺也大夫士下首又廣二寸半惟中央同博三寸

○韠君朱大夫素士爵韋釋文韠音必

鄭氏曰此元端服之韠韠之言蔽也凡韠以韋為之必象裳色則天子諸侯元端朱裳大夫素裳唯士元裳黃裳雜裳也皮弁服皆素韠孔氏曰祭服元衣纁裳知此朱韠非祭服者

玉ろ廿八

若祭服則君與大夫無别何得云大夫素士爵韋且祭服名
韍不名韠也愚謂韠蔽膝也上古衣皮先知蔽前後知蔽後
後世聖人易之以布帛而猶存其蔽前以示不忘古之意而
因脩其飾以為尊卑之别焉凡衣服之色衣從冠韠屨從裳
各因其上下之類也元端服上下通以燕居諸侯以下又用
以齊士又用以祭齊服必元上下通用爵韠此君朱大夫素
燕居之韠也大夫元端素裳素韠則與朝服同但朝服侈袂
自别於元端耳特牲記元端爵韠是士齊祭服爵韠此燕居
元端亦爵韠者士賤禮畧也○自此以下至三命赤韍蔥衡
明韠韍之制

圜殺直天子直公侯前後方大夫前方後挫角士前後正釋文圜音圓挫
作卧反頲古井反又吉成反

三

頲字音移下一節

方援注補元本有直援注改

以正方正字疑作直

鄭氏曰圜殺直目韠制天子四角直無圜殺公侯殺四角使之方變於天子也所殺者去上下各五寸大夫圓其上角變於君也韠以下為前以上為後士前後正士賤與君同不嫌也正直之間語也天子之士則正諸侯之士則方吳氏澄曰韠之制長三尺上廣一尺下廣二尺天子之韠自上之左右角斜裁至下之左右角直而無所屈故曰直諸侯上下左右角各正裁五寸自上之左右角五寸下斜裁至下之左右角不盡五寸止上下各有五寸不斜裁故方大夫下之左右角亦正裁五寸其上端不方剡其兩角故圜士下端亦裁方上端不剡圜前方而後直故曰前後正愚謂士前後正吳氏之說為是鄭氏以正方為天子諸侯之士之別無所據也○孔氏曰經云前後方是殺四角也上下各去五寸所去之處以

五了廿

物補飾之使方變於天子也按雜記云韠會去上五寸是去上五寸又云紕以爵韋六寸不至下五寸是去下五寸鄭註雜記會謂上領縫也又云純紕之所不至五寸然則上去五寸是領也下去五寸是純也若然惟去上畔下畔而云殺四角者蓋四角之處別異之使殊於餘邊也愚謂韠之會去上五寸其紕不至下五寸則其上下所殺當以此為度故鄭氏云所殺者去上下各五寸謂所殺之度離上畔下畔各五寸而止也孔疏乃云上下各去五寸以物補之則以註中去字為上聲讀之與經註之義皆不合且鄭註此文本以觧公侯前後方之義若韠之上有會下紕以爵韋純以素則為韠之通制非獨公侯矣疏乃謂上去五寸是領下去五寸是純其說尤混不可曉也

四

韍

韠下廣二尺上廣一尺長三尺其頸五寸肩革帶博二寸

鄭氏曰頸五寸亦謂廣也頸中央肩兩角皆上接革帶以係之肩與革帶廣同凡佩繫於革帶孔氏曰韠佩並繫於革帶者以大帶用組約其物細小不堪繫韠佩故也

一命緼韍幽衡再命赤韍幽衡三命赤韍葱衡釋文緼音温韍音弗幽讀為黝出註幼糾反

鄭氏曰此元冕爵弁服之韠尊祭服異其名耳韍之言亦蔽也緼赤黄之間色所謂韎也衡佩玉之衡也幽讀為黝黑謂之黝青謂之葱孔氏曰他服稱韠祭服稱韍詩毛傳云天子純朱諸侯黄朱黄朱色淺卿大夫赤韍色又淺耳愚謂緼韍即韎韐也衡佩上之珩也珩在上而横故曰衡此據公侯伯之國卿三命大夫再命士一命者言之若子男之國則卿

五之五十二

再命而赤韍葱衡大夫一命而赤韍幽衡士不命而緼韍幽衡也孔疏謂子男大夫服緼韍非也司服非也於諸侯卿大夫之服其差降但以爵而不以命數則其於韍必不以命數為差也

承毛本誤作同疏不誤阮本作承衛氏集說亦作承

○天子素帶朱裏終辟而素帶終辟大夫素帶辟垂士練帶率下辟居士錦帶弟子縞帶釋文帶音戴辟依註為裨婢支反徐又音卑率音律○而素帶以下及下節并紐約用組五字舊在韠君朱之前鄭氏云宜同（承）朱裏終辟亂脫在是補匪陳氏云而下脫諸侯字

鄭氏曰素帶朱裏終辟謂大帶也而素帶終辟謂諸侯也諸侯不朱裏合素為之如今衣帶為之下天子也大夫亦如之率繂也士以下皆禪不合而繂積如今作幓頭為之也辟讀如裨冕之裨裨謂以繒采飾其側人君充之大夫裨其紐及末士裨其末而已居士道藝處士也愚謂練白色熟綃也率

五

義如左傳藻率鞞琫之率以采色飾物也雜記曰率帶諸侯大夫五采士二采辟在帶側則率在帶中也率下謂率之所不至者士以練帛為帶而但裨其率下也大夫辟垂士辟率下則帶之率及其重屈者而止也士帶裨以緇大夫以上無文居士錦帶尚文也弟子縞帶尚質也二帶不言其裨者裨之度與士同也○自此至走則擁之明帶之制舊本簡策倒錯不相承接孔氏已依鄭註次其先後但據鄭註則自而素帶終辟以下皆當移就朱裏終辟之下而居韠之後而孔疏則自凡帶有率無箴功之上並置於韠君朱大夫素之前又自肆束及帶至走則擁之鄭氏云宜承無箴功而孔疏尚依舊次今並依鄭氏說移正

并紐約用組三寸長齊于帶紳長制士三尺有司二尺有五寸子

紳當作帶

游曰參分帶下紳居二焉紳韠結三齊釋文并必政反紐女九反
○鄭註云結或為衿○自三寸以下舊在夫人揄狄之下鄭氏云組音祖紳音申本亦作申
宜承約用組
鄭氏曰三寸謂約帶紐組之廣也長齊于紳與紳齊也紳帶
之垂者也言其屈而重也有司府史之屬也三分帶下而三
尺則帶高於中也結約餘也孔氏曰并竝也紐者謂帶交結
之處以屬其紐約者謂以物穿紐約結其帶謂天子以下至
弟子之等其紐約之物並用組為之組闊三寸也長齊於紳[帶]
者言約紐組餘長三尺與帶垂者齊也紳重也謂重屈而舒
申人長八尺大帶之下四尺五寸分為三分紳居二分紳長
三尺也紳謂紳帶韠謂蔽膝結謂約紐餘組三者俱長三尺
故云三齊陳氏祥道曰紳韠結三齊則有司之韠結蓋亦二
尺五寸與

六

元本有大字

大夫大帶四寸。雜帶，君朱緑，大夫玄華，士緇辟二寸，再繚四寸。凡帶有率，無箴功。釋文：繚音了，箴音針。○此節舊在「肩革帶博二寸」之下，鄭氏云宜承「紳韠結三齊」。

鄭氏曰：華，黃色也。愚謂大夫大帶四寸，則天子諸侯可知，皆四寸也。上文但言帶，此特言大帶者，以下言文又雜帶，故言大帶以別之也。雜帶，雜服之帶，燕居之服之所用也。君大夫大帶之外別有雜帶，其飾則君以朱緑，大夫以元華也。雜記公襲朱緑帶，申加大帶於上，則人君大帶之外別有朱緑帶明矣。君大夫帶五采，而雜帶惟二采，雜帶降於大帶也。緇辟謂士之練帶以緇帛辟其側，故士冠禮、士喪禮謂之緇帶，以其辟名帶也。士無雜帶，惟有緇辟大帶，其博二寸也。繚，繞也。大夫以上大帶四寸，其繞於身也重之；士帶二寸而再繞，不重，則其廣亦四寸矣。凡帶，凡天子以下之帶也。凡帶有率，則

其箴功可以麤沽以别有采飾在上故也則其無䌛者宜精緻矣

肆束及帶勤者有事則收之走則擁之釋文肆音肄以四反○此節舊在皆朱錦也之下鄭氏云宜承無箴功

按本注改

鄭氏曰肆讀為肄肄餘也餘束約組之餘組也勤謂執勞辱之事也孔氏曰謂約帶之餘組及帶之垂者若身充勤勞之之事則斂持在手若身須趨走則擁抱於懷也愚謂此見雖有事但當收之擁之而不可扱之也

紐

讀為本注俱作讀如

○王后褘衣夫人揄狄君命屈狄釋文褘音翬許韋反揄音搖羊消反屈音闕

鄭氏曰褘讀為翬揄讀為搖翬搖皆雉名也刻繒而畫之著於衣以為飾因以為名也後世作字異耳夫人三夫人亦侯伯之夫人也王者之後亦褘衣君女君也屈周禮作闕謂刻

雉注作翟

繒為雉不畫也此子男之夫人也禮天子諸侯命其臣后夫人亦命其妻以衣服所謂夫尊於朝妻榮於室也孔氏曰翬謂畫翬於衣六服之最尊也夫人謂三夫人及侯伯夫人也狄讀如翟揺翟謂畫揄翟於衣王者之後祭其先王夫人亦禕衣故禮記每云君衮冕夫人副禕若祭先君則降焉魯祭周公其夫人亦禕衣故明堂位云夫人副禕立於房中君謂女君子男之妻也被后所命故曰君命或可女君謂后也屈闕也直刻雉形闕其采畫故云闕翟按鄭註内司服引爾雅釋鳥伊雒而南素質五色皆備成章曰揺江淮而南青質五色皆備成章曰翬王后之服刻繒為之形而采畫之綴於衣以為文章禕衣畫翬者揄翟畫揺者闕翟刻而不畫此三者皆祭服鞠衣色如鞠麈服之以桑展衣以禮見王及賔客之

下之字衍

五百卅八

服褖衣御於王之服闕翟赤揺翟青禕衣元鞠衣元黄展衣白褖衣黒其六服皆以素紗為裏故内司服陳六服之下云素沙鄭註云六服皆袍制以白縳為裏愚謂夫人謂侯伯之夫人也内司服辨外内命婦之服鞠衣展衣褖衣是王之外内命婦無服三狄者矣原其意蓋於内命婦深防其並后之端故於其服章使遠降於后而外命婦則又欲其與内命婦相準故孤卿服冕而其妻不服三秋狄以此與鄭此註於夫人兼言三夫人周禮註又謂三夫人闕狄恐皆未然也君命當作五命字之誤也婦人從其夫之爵位故夫尊於朝則妻榮於室無别受爵命之法内宰職所言賛王后之禮事者詳矣而無賛王后爵命之事是王后亦無爵命人之之事注疏謂君命為受王后之命非也且如其言則夫人及再命一命之

核疏補

大夫核疏改

妻孰非受命者何獨於子男之妻言之○自此以下至其他則皆從男子明王后夫人及命婦之服

再命禕衣一命襢衣士禒衣釋文禕依註音鞠居六反又曲六反襢張戰反禒吐亂反○鄭註禒或作稅

鄭氏曰禕當為鞠子男之卿再命　而妻鞠衣則鞠衣襢衣禒衣者諸侯之臣皆分為三等其妻以次受此服也公之孤為上卿大夫次之士次侯伯子男之臣卿為上大夫次之士次之孔氏曰再命謂子男之卿也禕當為鞠謂子男卿妻服鞠衣也襢展也子男之卿一命其妻服展衣也士禒衣者子男之士不命其妻服禒衣也鄭註士喪禮禒之言緣黑衣裳以赤緣之愚謂諸侯之臣之服為三等孤希冕卿大夫自元冕士皆爵弁也其妻之服亦為三等孤卿皆鞠衣大夫皆展

元本有衣字

葉卅三

衣士皆禒也如鄭氏之説則有孤之國孤鞠衣卿大夫皆展衣無孤之國則卿鞠衣大夫展衣孔氏又通其例於男子謂有孤之國孤希冕卿大夫元冕無孤之國卿希冕大夫元冕然司服卿大夫之服自元冕以下非專為有孤之國言也雜記復内子以鞠衣下大夫以展衣非專為無孤之國言也

唯世婦命於奠繭其他則皆從男子自君命屈狄以下至此舊在紳韠結三齊之下鄭氏云宜承夫人揄狄

世婦謂諸侯之内世婦也奠繭猶獻繭也諸侯有公桑蠶室卜于三宫夫世婦之吉者使蠶既成則從夫人而獻之於君也世婦之尊視大夫服展衣凡夫尊於朝妻榮于室故卿大夫之妻皆得隨夫而服其服惟世婦乃諸侯之妾必因奠繭命之乃得服其服明君不以私寵加賜也天子之内命婦蓋

九

亦如此

○凡侍於君紳垂足如履齊頤霤垂拱視下而聽上視帶以及袷聽鄉任左釋文齊音咨本又作齋頤以支反霤力救反袷居葉反鄉許亮反

鄭氏曰紳垂則磬折也齊裳下緝也袷交領也孔氏曰紳大帶也身直則帶倚磬折則帶垂身折則裳下緝委地足如履之也霤屋簷身俯故頭臨前垂頤如屋霤視下而聽上者視高則敖故下矚也聽上謂聽尊者語宜諦聽故仰頭而嚮上以聽之也視帶以及袷者視君之法下不過帶高不過袷庾云聽上及聽嚮任左皆偹君教使也愚謂此侍立於君之禮也君佩倚臣佩垂君恒高於臣視下而聽上者視以形聽以神視雖在下而神則恒屬乎君也國君綏視此云視帶以及袷者坐則節於面立則節於領立則容俯故也聽鄉者聽之

為子廿五

所鄉也人右耳目不如左耳目明任左欲其聽之審也○孔
氏解聽嚮任左云鄭云註少儀云立者尊右則坐者尊左侍
君之時君坐是以聽嚮皆以左為節此謬說也坐者尊左義
無所出且經云紳垂足如履齊頤霤垂拱則侍君者固未嘗
坐又云視帶以及袷視下而聽上則亦非君坐而臣立侍之
則安以坐者尊左為說乎

○凡君召以三節二節以走一節以趨在官不俟屨在外不俟車
此言人臣被召之法鄭氏曰節所以明信輔君命也使使召
臣急則持二緩則持一周禮曰珍圭以徵守其餘未聞也今
漢使者擁節不俟官不俟屨趨君命也必有執授之者官謂
朝廷治事處也孔氏曰節以玉為之君召臣有二節時有一
節時故合云三也急則二節臣故走緩則一節臣故趨官

謂朝廷治事處也外謂其室及官府也在官近不須車故言屨在外遠故言車

○士於大夫不敢拜迎而拜送士於尊者先拜進面荅之拜則走

士於大夫謂於大夫之見已也迎謂迎於門外也曲禮曰大夫士相見雖貴賤不敵主人敬客則先拜客客敬主人則先拜主人然則士於大夫非不拜也特不敢迎而拜耳蓋拜迎者敵者之禮也士於尊者謂士見於大夫也先拜進面者大夫於士不迎待之於門外內士於門外先拜之乃進入門而見大夫也荅之拜則走者若大夫於門內荅拜則走辟不敢當大夫之拜也此皆謂尋常相見之法若始相見則士相見禮云若先生異爵者請見之則辭辭不得命則曰某無以見辭不得命請走見先見之則迎於門外矣又曰士見於大夫

玉藻卅五

所鄉也人右耳目不如左耳目明任左欲其聽之審也○孔
者尊左則坐者尊左侍
此謬説也坐者尊左義
垂拱則侍君者固未嘗
亦非君坐而臣立侍之

右據本疏

篇名頂格寫
注比經文低一格
夜間切須收好防鼠傷

○凡君召以三節二節以走一節以趨在官不俟屨在外不俟車
此言人臣被召之法鄭氏曰節所以明信輔君命也使使召
臣急則持二緩則持一周禮曰珍圭以徵守其餘未聞也今
漢使者擁節不俟官不俟屨趨君命也必有執授之者官謂
朝廷治事處也孔氏曰節以玉為之君召臣有二節時有一
節時故合云三也急則二節臣故走緩則一一節臣故趨官

贄當依儀禮作摯

あるし年の

終辭其贄於其入也一拜其辱也則大夫先拜辱矣

士於君所言大夫沒矣則稱謚若字名士與大夫言名士字大夫

自言字以下至非是係經文下雙行注

言字並句絶孔疏讀云士於君所言大夫非是鄭氏曰君所大夫生亦名愚謂稱謚若字者有謚則稱謚無謚則稱字也大夫五十而受爵命死乃有謚名士字大夫謂其生者也若沒則所稱與君所同

於大夫所有公諱無私諱凡祭不諱廟中不諱教學臨文不諱

鄭氏曰公諱若言語中所辟（辭）先君之名凡祭不諱廟中不諱謂祝嘏之辭中有先君之名者也凡祭祭羣神廟中上不諱下教學臨文不諱為惑未知者孔氏曰有公諱無私諱但諱公君不得私諱公母也廟中上不諱下若有事於祖則不諱父也有事於父則諱祖教學謂師長也教人若諱疑誤後生

士

也臨文謂簡牒及讀法律之事若諱則失於事正也

○古之君子必佩玉右徵角左宮羽趨以采齊行以肆夏周還中規折還中矩進則揖之退則揚之然後玉鏘鳴也故君子在車則聞鸞和之聲行則鳴佩玉是以非辟之心無自入也釋文徵張里反趨七頁反本又作趣齊依註作薺疾私反還音旋本亦作旋折之設反鏘七羊反辟本亦作僻匹亦反又婢亦反徐芳益反

鄭氏曰君子士以上徵角宮羽玉聲所中也徵角在右民也事也可以勞宮羽在左君也物也宜逸趨以采薺路門外之樂節至應門謂之趨齊當為楚薺之薺行以肆夏登堂之樂節周還反行也宜圜折還曲行也宜方揖之謂小俯見於前也揚之謂小仰見於後也鏘聲貌鸞在衡和在式孔氏曰路寢門外至應門謂之趨趨時歌采薺為節路寢門內至堂謂之行行時歌肆夏為節按爾雅釋宮云室中謂之時堂上謂

左按本疏

陰下當有音

玉了 五十二

之行堂下謂之步門外謂之趨中庭謂之走大路謂之奔此對文耳若總而言之門內謂之行門外謂之趨鄭註樂師云行謂於謂大寢之中趨謂於朝廷然則王出既服至堂而肆夏作出路門而采薺作其反入至於應門路門亦如之此謂步迎賓客王如有車出之事登車於大寢西階之前反降於阼階之前尚書傳曰天子將出撞黃鍾之鍾右五鍾皆應入則撞蕤賓之鍾右(左)五鍾皆應是也反行謂到反而行假令從北嚮南或從南嚮北曲行謂屈曲而行假令從北嚮南行曲折而東嚮也吳氏澄曰徵謂聲中林鍾角則中姑洗也宮謂聲中黃鍾羽則中南呂也徵陰(音)之首故居右角間二律與徵近故以角配徵宮陽音之始故居左羽間二律與宮近故以羽配宮愚謂徵角宮羽謂左右兩璜之聲所中也凡以律均

十二

按周禮作云樂云謂樂縣也元本云云字草書相似而誤

上羽當作角

鍾者倍而又半磬氏疏樂之磬前長三律後長二律蓋謂黃鍾之磬此以律均磬之法也佩玉四聲亦必其大小長短厚薄之不同但其詳不可考耳周禮大司樂函鍾為宮之屬皆不用商說者謂商有殺伐之意故不用此佩玉有徵羽宮羽而無商蓋佩玉所以養德故亦無取乎殺伐之義也中矩言其方中規言其圜其身周折俯仰故佩玉之璜觸衝牙而鳴鏘然也君子之養其心非徒恃乎鸞和佩玉而所以消其匪僻而導其和平者此亦有助焉爾此節所言蓋主謂天子諸侯之禮故佩玉則倫四聲行步則有樂節在車則有和鸞若大夫士雖有佩玉而其儀物則當有降殺矣○周禮之九夏儀禮之笙詩劉原父謂皆有聲而無辭朱子以為笙詩蓋如投壺魯鼓薛鼓之節蓋以九夏笙詩曰奏曰笙曰樂而不曰

歌以此決其無辭也然大射燕禮管新宮文王世子云下管象象周頌維清之詩也左傳宋公賦新宮則新宮亦詩也此二詩用以管與南陔等六詩用以笙者一也新宮象為詩則南陔六篇之曰笙曰樂者何害其為詩乎南陔白華等名必取詩辭而名之者也若但如曲譜則其曰南陔曰白華曰華黍者何所取以名之肆夏與采薺同用觀采薺之名亦必詩篇也則肆夏亦詩而王夏以下皆當為詩矣但先儒謂肆夏即周頌之時邁則未有以見其必然耳

君在不佩玉左結佩右設佩居則設佩朝則結佩

此謂大夫士之禮也君在謂君出視朝時也結佩謂結其兩璜於綬而使不得鳴也君在不佩玉非全不佩也結其左而設其右焉君子於玉比德結其左者示其德之不敢擬於君

元本有之

也居則佩玉左右皆設之也朝則結佩結其左也○鄭氏以此為世子之禮又以左結佩右設佩為事佩然上文並未言世子此何忽而及之君在不佩玉正與君在則裼同鄭於彼註云臣在君所此不當為異義又上下文俱言佩玉亦不應結佩設佩忽為事佩也

齊則綪結佩而爵韠釋文齊側皆反綪側耕反

鄭氏曰綪屈也結又屈之爵韠者齊服元端孔氏曰綪結佩謂結其綬而又屈上之也諸侯以下皆以元端齊而以爵韋為韠同士禮以其齊故不用朱韠素韠也愚謂士喪禮陳襲事於房中不綪鄭氏云江沔之間謂縈收繩索為綪是綪者屈而又屈之義也君在不佩玉為時暫以兩璜上結之而已齊有十日則以璜及衡及牙屈上當瑀與琚而結之又屈而上

玉藻十二

當珩而結之也蓋佩玉有聲齋者欲靜以致思故結其佩即齋者不樂之義也不去而但綪結之者君子無故玉不去身也

凡帶必有佩玉唯喪否佩玉有衡牙君子無故玉不去身君子於玉比德焉

鄭氏曰喪主於哀去飾也凡謂天子以至士佩玉有衡牙居中央以前後觸也故謂喪與災眚朱子曰佩玉上橫曰珩下繫三組貫以蠙珠中組之半貫一大珠曰瑀末縣一玉兩端皆銳曰衝牙兩旁組半各縣一玉長博而方曰琚其末各縣一玉如半璧而內向曰璜又以兩組貫珠上繫珩兩端交貫於瑀而下繫於兩璜行則衝牙觸璜而有聲也

天子佩白玉而玄組綬公侯佩山玄玉而朱組綬大夫佩水蒼玉

而純組綬，世子佩瑜玉而綦組綬，士佩瓀玟而縕組綬。釋文：綬音受，純讀為緇，側其反。瑜，羊朱反。綦音其。瓀，而兖反，徐又作碝，同。玟，武巾反，字又作玟砇。縕音溫。

鄭氏曰：玉有山元、水蒼者，視之其文色所似也。綬者，所以貫佩玉相承受者也。純當為緇，古文緇字或作絲旁才。綦，文雜色也。孔氏曰：山元、水蒼，玉色似山之元而雜有文，似水之蒼而雜有文。尊者玉色純，公侯以下玉色漸雜。而世子及士唯論玉質，不明玉色，則色不定也。瑜是玉之美，故世子佩之。然諸侯世子雖佩瑜玉，亦應降殺天子世子也。瓀玟，石次玉者，賤，故士佩之。愚謂佩白玉、元玉之屬，皆謂兩瑀、兩璜及衡牙之玉也。其在上之珩，則前云一命再命幽衡，三命葱衡是也。

孔子佩象環五寸，而綦組綬。

象環，以象牙為環也。爾雅曰：肉好若一謂之環。陳氏澔曰：象

五十

環五寸燕居佩之非禮服之正佩也○鄭氏曰孔子佩象環謙不比德亦不事也象有文理者也環取可循環而無窮孔氏曰象環五寸法五行也愚謂環玦之屬古人所常佩故晉献公賜太子申生以金玦叔孫穆叔之子孟丙見於公公與之環而佩之經解云行步則有環佩之聲孔子佩象環蓋以象之貴次於玉故用以為燕居之佩其取節於五寸者亦大小之度宜然爾註疏之說鑿矣○自古者君子必佩玉以下至此明佩玉之法

○童子之節也緇布衣錦緣錦紳并紐錦束髮皆朱錦也釋文并紐必正反下女愛丑反

鄭氏曰童子未冠之稱也冠禮曰將冠者采衣紒也愚謂童子之衣有緣曲禮云兩手摳衣去齊尺是又有齊則童子之

十五

制當是制

衣深衣之制也深衣用白布緣以繢及青今童子用緇為深衣用錦為緣皆異於成人也錦紳以錦辟其帶紳也弟子縞帶則童子之帶以縞為之而辟其紳以錦與士之率下辟同也紐帶之紐也童子錦紳而錦紐則凡帶紐之所用與辟同也束髮謂總也士喪禮鬠用組又士冠禮緇纚長六尺總之色宜與纚同是成人束髮用緇組今童子用錦為束髮凡此童子所用之錦皆朱錦也取其華美也

童子不裘不帛不屨絇無緦服聽事不麻無事則立主人之北南面見先生從人而入 釋文絇其俱反見賢徧反

鄭氏曰皆為幼少不備禮也裘帛溫傷壯氣也絇屨頭飾也

愚謂童子冬不衣裘其袍繭及褶又皆以布為之不用帛亦為防其奢汰也不絇屨不備飾也凡服必稱其情童子無緦

給當作聽

動疑勤

服以未能惇行孝弟情不能至緦也當室則緦既與族人相接則使遂其服責之以必當盡之情而使之企而及也給聽事往給喪家役使也不麻不加麻絰也有服者至小斂而加麻聽事不麻亦謂所為服緦者也主人之位在阼階下東面立於其北者為敎使便也南面者别於主人也見先從人而入不敢輕動長者也○問喪童子不緦唯當室緦緦者其免也然則不緦者固不免矣鄭於此注云雖不服緦猶免顯與問喪違崔氏熊氏謂不當室而免謂未成服而來不知成服以後雖成人亦不免矣豈獨童子哉

○侍食於先生異爵者後祭先飯釋文飯扶晚反

鄭氏曰先生致仕者也異爵者謂卿大夫也士相見禮註愚謂凡為客之禮皆後主人而祭嫌此或異故明之先飯示為長者

嘗食也

客祭主人辭曰不足祭也客飧主人辭以疏釋文飧音孫下同

鄭氏曰祭者盛主人之饌也飧者美主人之食也疏之言麤也孔氏曰飧者食竟作三飯飧也飧是已飽猶食美故也

主人自置其醬則客自徹之

客自徹之徹主人所自置者禮欲其相當也主人辭焉則止曲禮客自前跪徹飯齊以授相者主人與辭於客然後客坐是也

一室之人非賓客一人徹壹食之人一人徹凡燕食婦人不徹

鄭氏曰一室之人同事合居者也賓客則各徹其饌也壹猶聚也為赴事聚食也婦人質不備禮孔氏曰賓客則各徹其饌今同事合居既無的賓主故必少者一人徹饌也壹食之

の三の十五

人謂暫爲赴事壹聚共食則亦推一人徹也愚謂一室之人
謂同事合食而各設饌具者也壹食謂相聚共饌具而食也
燕食朝夕常食也

食棗桃李弗致于核瓜祭上環食中棄所操釋文核行隔反操七刀反
鄭氏曰弗致于核恭也上環頭忖也孔氏曰弗致于核謂懷
其核不置于地也環者橫斷形如環也上環是疐下環是脫
華處用上環祭先而食中棄手所持者此庶人法也愚謂祭
上環者以上爲尊棄所操者爲手持有垢澤也

凡食果實者後君子火熟者先君子釋文後胡豆反先悉薦反
鄭氏曰果實陰陽所成非人事也火熟者後君子備火齊不
得也孔氏曰果實是陰陽所成非關人事故不得先嘗火熟
調和是人之所爲恐和齊不備故先君子而嘗之

本疏閣作關

十七

元本作必

○有慶非君賜不賀

鄭氏曰惟君賜為榮也愚謂有慶謂或有喜慶之事君賜如孔子生伯魚而君賜以鯉是也雖有喜慶之事而非有君賜則不足為榮故不賀周禮大宗伯以賀慶之禮親異姓之國凡賀者為有物以將之蓋若秉壺酒束脩一犬之類與

○有憂者

鄭氏曰此下絕亡非其句也

○勤者有事則收之走則擁之

鄭氏曰此補脱重

○孔子食於季氏不辭不食肉而飧

鄭氏曰以其待己及饌非禮也愚謂孔子於季氏降等之客也禮宜執食興辭今孔子不辭凡食先食殽胾既飽乃飧今

四十八

孔子不食肉而飧盖以季氏失禮故以此示其意也

○君賜車馬乘以拜賜句衣服服以拜賜句君未有命弗敢即乘服也

受君車馬衣服之賜既拜受之矣至明日更乘服所賜往至君所而拜也既拜之後君再命之乘服乃敢乘服之若未敢有命則不敢乘服也左傳魯叔孫豹受大路之賜於王及卒杜洩將以路葬南遺謂季孫曰叔孫未乘路將焉用之蓋叔孫豹受賜歸魯王無再使乘路之命故終身不敢乘此雖受賜於天子之事受賜於其君者亦然也

君賜稽首據掌致諸地酒肉之賜弗再拜

鄭氏曰稽首致首於地據掌以左手覆按右手也酒肉之賜輕也受重賜者再拜又拜於其室愚謂君賜稽首謂拜君賜者

十八

當為稽首之拜也據掌致諸地謂為稽首之拜之法也據掌以左手據右手之掌也致諸地謂首及手俱至地也再拜者賜時拜受明日又往拜也酒肉之賜輕雖君賜不再拜

凡賜君子與小人不同日

鄭氏曰慎於尊卑

凡獻於君大夫使宰士親皆再拜稽首送之

宰家臣之長也皆再拜稽首送之者大夫使人則於阼階下南面拜送士親則於君之門外拜送也

膳於君有葷桃茢於大夫去茢於士去葷皆造於膳宰釋文葷許云反茢音列又音例去起呂反造七到反○鄭注葷或作焄

鄭氏曰膳美食也葷桃茢辟凶邪也大夫用葷桃士桃而已葷薑及辛菜也茢菼帚也造於膳宰既致命而授之陳氏祥

丑丁〇七

道曰膳致福之膳也非是則無事於桃茢鄭氏以膳為凡美
食誤也愚謂少儀曰為己祭而致膳於君子曰膳用葷桃茢
者以其為鬼神之餘恐有不祥之干也葷辛物能去穢惡桃
茢能解不祥於君脩三者大夫去其一士去其二并尊卑之差
也造猶內也膳宰膳夫也周禮膳夫受致福者而膳之祭僕
凡祭祀致福者展而受之造於膳宰者蓋祭僕受而內之也

大夫不親拜為君之答己也釋文為于偽反

鄭氏曰不敢變動至尊孔氏曰解大夫所以不自獻之義也
自獻則屈動君答拜己故不親也

大夫拜賜而退士待諾而退又拜弗答拜

鄭氏曰小臣受大夫之拜復以入告大夫拜便辟也孔氏曰
大夫拜賜而退者大夫往拜至於門外告君之小臣小臣受

十九

其辭入以白君大夫乃拜拜竟則退不得白報恐君召進答已故也士待諾而退者君不拜士士故於外拜拜竟又待小臣傳君之諾報而退也又拜者小臣傳君之諾報士又拜君之諾報也弗答拜者謂君不答士拜也愚謂鄭氏知小臣入告君者以周禮小臣掌王之小命掌三公孤卿之復逆故知諸侯亦小臣掌羣臣之復逆也

大夫親賜士士拜受又拜於其室衣服弗服以拜敵者不在拜於其室　釋文敵本又作適音狄

鄭氏曰弗服以拜異於君惠也拜受又就拜於其家是所謂再拜也敵者不在謂来賜時不見也見則不復往也愚謂士於大夫之賜亦再拜大夫尊也衣服弗服以拜則車馬亦然敵者来饋已不在家受拜則明日當往拜若孔子於陽貨蒸

豚之饋是也若在家拜受則不再拜也

凡於尊者有獻而弗敢以聞

鄭氏曰此謂獻辭也少儀曰君將適他臣若致金玉貨貝於君則曰致馬資於有司是其類也孔氏曰謂以物献尊者其辭不敢云献聞於尊者但當云致馬資於有司及賤從者之屬也

士於大夫不承賀下大夫於上大夫承賀

鄭氏曰承受也士有慶事不聽大夫親來賀已不敢變動尊也愚謂承進也賀乃禮之輕者士於大夫不承賀尊卑遠不敢以輕禮褻之也下大夫於上大夫承賀尊卑近也

廿

親在行禮於人稱父人或賜之則稱父拜之

鄭氏曰事統於尊○自君賜車馬至此明受賜及獻人之法

○禮不盛服不充故大裘不裼乘路車不式鄭注或曰乘兵車不式

鄭氏曰禮盛者服充大事不崇曲敬孔氏曰服襲是充美於內惟盛禮乃然故大裘不裼證禮盛服充也路車郊天車乘路車不式亦是禮盛不為、之、倣愚謂禮盛則服充者專其敬於內則不敢致其飾於外也大裘不裼者外襲衮服也

○父命呼唯而不諾手執業則投之食在口則吐之走而不趨釋文唯于癸反徐以水反

皆為悫（急）趨（遽）父命也

親老出不易方復不過時親癠色容不盛此孝子之疏節也釋文癠才細反

鄭氏曰言非至孝也癠病也王季有疾（文王色憂）行不能正履方氏慤曰出不易方有定所也復不過時無愆期也孝子事親豈必

書廿

老而後如此以親老者尤不可不知也愚謂易方則恐名已而莫知所在過時則恐失期而貽親之憂色容不盛所謂色憂不滿容也疏節謂疏畧之節而未足為至孝也於疏畧之節苟不能盡固不可以為子然而孝子之於親更有進於是者則亦在夫人之自勉而已

父沒而不能讀父之書手澤存焉爾母沒而杯圈不能飲焉口澤之氣存焉爾釋文圈起權反

鄭氏曰孝子見親之器物哀惻不忍用也圈屈木所為謂卮匜之屬孔氏曰手澤生平所持手之潤澤口澤生平口飲潤澤之氣書是男子所有故父言書杯圈婦人所用故母言杯圈○自父命呼至此明事親之禮

君入門介拂闑大夫中棖與闑之間士介拂棖釋文介音界闑魚列棖直衡反

廿一

鄭氏曰此謂兩君相見也棖門楔也君入必中門上介夾闑大夫介士介雁行於後示不相沿也君若迎聘賓擯者亦然孔氏曰闑門中所豎短木棖門之兩旁長木上介近君故拂闑大夫介微遠於闑故當棖與闑之間士介卑去闑遠故拂棖崔氏皇氏云君入當棖闑之中主君在闑東賓在闑西主君上擯在君之後稍近西而拂闑賓之上介在賓之後稍近東而拂闑大夫擯介各當君後在棖闑之中愚謂門中設闑者所以界列左右以表賓主之所行也下文云賓入不中門此大夫得中棖與闑之間者下文謂大夫出聘不敢僭君禮此為介隨君後而行故不嫌也又聘禮賈疏云主君於東闑之內賓於西闑之內並行而入上介於西闑之外上擯於東闑之外皆拂闑次介次擯皆大夫中棖與闑之間末介末擯

玉ㄋ廿九

按疏補

皆士各自拂棖如賈氏之說則門中有二闑而君以下入門之法皆與崔氏皇氏之說不同然儀禮於凡宮室之制有東西者皆著言之若東楹西楹東塾西塾東堂西堂之類無不然而士冠禮筮日布席于門中闑西國（閾）外士喪禮〻曰席於闑西閾外特牲禮筮曰席于門中闑西閾外皆但曰闑無東西之文則闑門惟一闑明矣賈氏說非是

賓入不中門不履閾公事自闑西私事自闑東釋文閾音域又況域反

鄭氏曰此謂聘客也不中門不履閾辟尊者所行也閾門限公事聘享也私事覿面也孔氏曰不中門謂不當闑西棖闑之中而稍東近闑也奉君命故謂之公事自闑西用賓禮也（聘享）私事謂私覿也非行君命故謂之私事自闑東從臣禮也愚謂聘禮賓覿入門右北面奠幣再拜稽首擯者辭賓出奉幣

廿二

22

入門左是私事亦自闑西但初從闑東辭之乃就闑西耳

○君與尸行接武大夫繼武士中武

鄭氏曰尊者尚徐接武蹈半迹繼武迹相及中武迹間容迹孔氏曰君謂天子諸侯也武迹也接武者二足相躡而蹈其半也繼武者兩足跡相繼也中猶間也中武每徙足間容一足地也愚謂此謂在君宗廟之中為尸行步之法也君與尸尊故其行接武大夫稍卑故繼武士又卑故中武尊者行徐卑者行疾也

徐趨皆用是疾趨則欲發而手足毋移○釋文毋移上音無下如字鄭注欲或為數

鄭氏曰疾趨謂直行也跡數自若發謂起屨也移之言靡迤也毋移欲其直且正孔氏曰移謂靡迤動搖也愚謂徐趨徐行也上言行此言徐趨一也皆用是者言不獨宗廟之中尊

元本有所字

甲行步如上文之所言凡君臣相與行禮其徐趨之法皆用是
接武繼武中武之差所謂君行一臣行二也聘禮公當楣再
拜賓三退負序而公受玉于中堂與東楹之間君接武大夫
繼武之節於此可見矣疾趨疾行也發起也謂起踵也徐趨
舉前曳踵疾趨則欲起踵而離地也行疾則手足易動故欲
其無移○凡行步疾徐之節有三徐曰行疾曰趨甚疾曰走
此云徐趨即行也下文所謂圈豚行也疾趨即趨與走也趨
則下文所謂端行走則下文所謂弁行也若別而言之惟端
行正名為趨故曰行以肆夏趨以采薺又曰二節以走一節
以趨又曰父命呼走而不趨曲禮曰堂上不趨執玉不趨此
皆正指端行為趨也若通而言之則行亦名為趨此云徐趨
聘禮云將授志趨是也走亦名為趨此云疾趨包下端行弁

廿三

豚本又或作豕，此據宋本。阮本作豚本又作豚，從石臺釋文

行是也

圈豚行不舉足齊如流席上亦然釋文圈舉遠反又去阮反豚本又作豕同大本反徐徒困反齊音咨本又作齊同

鄭氏曰圈轉也豚之言若有所循不舉足曳踵則衣之齊如水之流矣孔子執圭亦然此徐趨也孔氏曰圈豚言曳轉足循地而行也不舉足謂足不離地也齊裳下緝也足既不舉身又俯折則裳下委地曳足如流水狀也席上亦然者言在席上未坐其行之時亦如是圈豚行齊如流也

端行頤霤如矢弁行剡剡起屨釋文頤音夷霤力救反弁皮彥反剡以漸反字林因冉反○鄭注頤或為霆

鄭氏曰此疾趨也端直也愚謂端行謂趨也趨則張拱端好故曰端行頤霤身俯而頭前臨其頤如屋霤之垂也如矢謂

五ヲ〇二

行直而不邪曲也弁行文也弁悤也行莫悤於走故曰弁行剡剡起屨貌行疾故見其起屨剡剡然也士相見禮曰庶人見於君不為容進退走盖趨為容而走不為容故但狀其起屨之悤疾而已

按本疏作狹數

執玉龜舉前曳踵蹜蹜如也釋文踵章勇反宿蹜色六反本或作蹜同

鄭氏曰著徐趨之事孔氏曰蹜蹜舉足促狹也

凡行容愓愓廟中齊齊朝廷濟濟翔翔釋文愓音傷又音陽齊才兮反賀在啓反濟徐子禮反翔本又作洋音詳

鄭氏曰凡行謂道路也愓愓直疾貌齊齊恭慤貌濟濟翔莊敬貌也○自君與尸行至此明行步之法

君子之容舒遲見所尊者齊遬釋文齊遬上音咨又側皆反下音速遬○按齊當音側皆反皇氏讀咨非是

茁

鄭氏曰齊遬謙慤貌遬猶蹙蹙也孔氏曰舒遲閑雅也尋常舒遲若見所尊之人則齊遬謂自斂持迫促不敢自寬奢也愚謂君子之容舒遲申申夭夭是也齊則莊嚴而不敢舒散遬則急速而不敢遲緩

足容重手容恭目容端口容止聲容靜頭容直氣容肅立容德色容莊坐如尸　釋文德如字徐音置○按德當如字

鄭氏曰足容重舉欲遲也手容恭高且正也目容端不睇視也口容止不妄動也聲容靜不噦欬也頭容直不傾顧也氣容肅似不息也立容德如有予也色容莊勃如戰色坐如尸尸居神位敬慎也孔氏曰德得也立則磬折如人授物予己己受得之形也應氏鏞曰立容德蓋中立不倚儼然有德之氣象也愚謂立容德不動移也所謂山立是也德者得也凡

玉藻十八

人有所得於己則無所夸於外也色容莊不惰慢也坐如尸不箕踞也凡此皆君子容貌之常也○問禮記九容與論語九思本原之地固欲存養於容貌之間又欲隨事省察朱子曰即此便是涵養本原這處不是存養更於甚處存養

燕居告溫溫

鄭氏曰告教使也孔氏曰燕居色尚和善教人使人之時唯須溫溫不欲嚴慄

凡祭容貌顏色如見所祭者

孔氏曰祭如在也愚謂下文喪容戎容分別言之此言祭獨否者蓋祭祀無言而容貌即一身之容顏色即視容色容而皆不外於本愛慤之誠以著為如在之敬不容以別言也

喪容纍纍色容顛顛視容瞿瞿梅梅言容繭繭釋文纍良追反顛字又作顛音田又

廿五

丁年反視容又作目容瞿紀具反又紀力反繭古典反

鄭氏曰纍纍羸憊貌顛顛憂思貌瞿瞿梅梅不審貌繭繭聲氣微也孔氏曰纍纍謂容貌毀瘠顛顛顏色憂思不舒暢也瞿瞿驚遽貌梅梅謂微昧也孝子在喪所視不審故瞿瞿梅梅然繭繭猶綿綿聲氣微細陸氏佃曰張則瞿瞿收則梅梅

愚謂喪容對下三者謂身容也下戎容亦然

戎容暨暨言容詻詻色容厲肅視容清明釋文暨其記反詻五格反視如字徐市志反

鄭氏曰暨暨果毅貌詻詻教令嚴也厲肅義形貌清明察於事也吳氏澄曰喪容之哀先觀顏色故色容在先戎容之嚴先在號令故言容之在先

立容辨卑毋讇頭頸必中釋文辨讀為貶彼檢反字林音方犯反讇音諂舊又音鹽○按鄭氏讀辨為貶以立容貶卑為句黃氏辨如字以立容辨為句卑毋讇為句今從之

玉藻十九

黄氏曰立容辨謂明辨尊卑上下之分無僭上也又慮其卑退失分則近乎諂媚故云卑毋諂愚謂立容辨者立容有佩倚佩垂佩委之不同宜辨别其宜也卑毋諂者立固以卑俯爲恭又不可以過卑而失之諂也頭頸必中者立或頋霤向前而頭頸不可傾側也

山立時行盛氣顛實揚休玉色　釋文顛依註讀爲闐音田

鄭氏曰山立不搖動也時行時而後行也顛讀爲闐揚讀爲陽聲之誤也盛身中之氣使之闐滿其息若陽氣之體物也玉色色不變也愚謂揚讀如字盛氣顛實揚休謂盛其氣以闐實於内而發揚其休美於外若聘禮記所謂發氣盈容也玉色謂温潤也上節通戒儀容此節似專屬一事而言山立之上疑有脱文吴氏澄曰舊注以立容辨止玉色合上戎容

四句共為一節今按立容以下五句於戎容無所當宜別為一節愚謂自立容辨以下鄭氏本不專指戎容至孔疏乃上合於戎容解之其義非是

凡自稱天子曰予一人伯曰天子之力臣諸侯之於天子曰某土之守臣某其在邊邑曰某屛之臣某其於敵以下曰寡人小國之君曰孤擯者亦曰孤 釋文守手又反

伯謂九州之長也力臣謂天子宣力之臣此擯於諸侯之辭也若擯於天子則曲禮云九州之長入天子之國曰牧是也諸侯之於天子謂擯於天子之辭也某土者稱其方若東土西土也左傳魏駘芮岐畢吾西土也蒲姑商奄吾東土也巴濮楚鄧吾南土也肅慎燕亳吾北土也守臣言天子守土之臣左傳欒盈曰得罪於王之守臣是也某者稱其名約曲禮

玉藻卅二

當曰某土之守臣某侯某也其在邊邑曰某屏之臣某謂四
夷之長入天子之國擯者所稱也某屏者亦稱其方也屏者
言在邊境為天子之屏蔽也其約曲當禮當曰某屏之臣某
子某也其於敵以下曰寡人謂諸侯自稱於諸侯及其臣民
也其擯於諸侯則曰寡君小國之君謂庶方小侯也曰孤亦
自稱於敵以下之辭也擯傳辭也賓主行禮有介以傳客之
辭有擯以傳主人之辭皆謂之擯也擯者亦曰孤謂擯於諸
侯之辭也其擯於天子則曰某人某○鄭氏曰伯上公九命
分陝者案曲禮二伯擯於諸侯曰天子之老不曰天子之力
臣也○自此至末明尊卑稱謂之事

上大夫曰下臣擯者曰寡君之老下大夫自名擯者曰寡大夫
孔氏曰上大夫卿也自於已君之前稱曰下臣君前臣名稱

廿七

下臣某也若出使他國擯者稱上大夫為寡君之老下大夫對已君稱名不敢稱下臣卑遠於卿也若出使擯者稱為寡大夫不敢云寡君之老

世子自名擯者曰寡君之適公子曰臣孽釋文適丁歷反孽音枿五葛反徐五列反

鄭氏曰孽當為枿聲之誤孔氏曰世子自名公子曰臣孽皆謂對已君也愚謂公子謂諸侯庶子也木之旁萌者曰孽故以為庶子之稱父前子名亦當稱之臣孽某也

士曰傳遽之臣於大夫曰外私釋文傳陟戀反遽其庶反

鄭氏曰傳遽以輿馬給使者也士臣於大夫者曰私臣孔氏曰遽是促遽士位卑給車馬之使故稱傳遽亦為對已君也皇氏以為對他國君其義亦通愚謂此稱於他國君他國大夫之辭也周禮行夫掌邦國傳遽之事鄭氏云傳遽若今時

のるの十

乘傳騎驛而使者也釋文云以車曰傳以馬曰遽蓋傳遽乃事之至賤者以此自稱甚謙之辭也私私臣也士於同國大夫曰賤私士相見禮曰某也夫子之賤私是也於他國大夫曰外私雜記士訃於他國大夫曰吾子之外私某死是也

大夫私事使私人擯則稱名公士擯則曰寡大夫寡君之老釋文使色吏反

私事使謂以私事自使人於諸侯也私人家臣也私人擯謂私行出疆而使家臣傳辭於諸侯也家臣將命則不得稱其主為寡大夫寡君之老故稱名謂稱曰君之外臣某也公士擯謂奉君命出使聘而公士為之傳辭也大聘使卿曰寡君之老小聘使大夫曰寡大夫然卿出大聘其為上介者乃大夫此但曰公士擯者蓋卿聘則介有大夫士若大夫聘惟士

廿八

介故此曰公士擯上下大夫言之也○鄭氏曰私事使謂以君命私行非聘也若魯成公時晉侯使韓穿来言汾陽之田劉氏敞曰趙襄子使人弔夫差曰寡君之老無卹使陪臣隆敢展布之此則名者也愚謂既以君命行則非私事矣注説非是陪臣不得稱諸侯為寡君楚隆於趙襄子雖稱名然其曰寡君之老則失辭矣此乃春秋之僭禮不可引以證經

大夫有所往必與公士為賓也釋文賓必刃反

鄭氏曰謂聘也大聘使上大夫小聘使下大夫公士為賓謂作介也

二十八卷　共計七萬四千四百十三字

連書面共卅頁

禮記三十一四卷

九月十四日鏘鳴校過

禮記卷三十一

孫希旦集解

明堂位第十四 別録屬明堂陰陽

此篇記周公相成王朝諸侯於明堂以致太平而成王賜魯以天子之禮樂也。魯用天子禮樂蓋東遷以後之僭禮惠公始請之而僖公以後始行之者也孔子曰魯之郊禘非禮也周公其衰矣使果成王所賜孔子何以發此嘆乎記者不知其非而反盛誇之以為美且四代之尊魯用山象犧罍而已三代之爵魯用玉琖仍雕而已三代之灌尊魯用黃目而已其餘未嘗用也而記於魯之所未嘗用者亦備陳之烝嘗社蜡諸侯之常祀也而以為天子之祭振木鐸諸侯之常政也而以為天子之政分器同姓諸侯之所同得也而以為天子之器其鋪張失實如此惟四代之制畧有見於此者君子

亦有考焉爾

昔者周公朝諸侯于明堂之位天子負斧依南鄉而立釋文朝直遥反下皆同斧音甫依本又作扆同於豈反鄉許亮反

按本注改　按集説改　按洛誥文改

鄭氏曰周公攝王位以明堂之禮儀朝諸侯也天子周公也負之言背也斧扆為扆文屏風於戶牖之間周公於前立焉孔氏曰皇氏云斧依在明堂中央大室戶牖間陳氏祥道曰成王宅憂周公位冢宰百官總己以聽及既成洛邑輔成王以朝諸侯乃率以祀文王若曰代之而受朝則誤矣代之之說始於苟卿盛於漢儒於此以復子明辟於為還政之事以誕保文武受命惟七年為攝政之年是皆不知書者也愚謂周公營洛邑為東都侯甸男邦采衛咸在王在新邑蒸祭歲王賓殺禋咸格朝諸侯於明堂必在是時四時常朝受於廟

五丁　五十六

大廟覲則為壇明堂以祀天布政本非朝諸侯之所此蓋以洛邑初成故大朝覲之事特於明堂行之蓋異其事以新天下之耳目乃一時創行之典也成王免喪即政求助群臣見於閔予小子諸詩必無至六年尚不能朝諸侯之理且成王既至東都率諸侯以祀文武而周公乃代之受朝是二天子也尚書左傳之言周公不過曰位冢宰正百工而已曰相王室以尹天下而已未有言其踐天子位者而荀卿始言之禮記出於漢儒遂有周公踐阼朝諸侯於明堂之説皆欲後周公之事而失其實者也

三公中階之前北面東上諸侯之位阼階之東西面北上諸伯之國西階之西東面北上諸子之國門東北面東上諸男之國門西北面東上九夷之國東門之外西面北上八蠻之國南門之外北

二

面東面東上六戎之國西門之外東面南上五狄之國北門之外南面南面東上九采之國應門之外北面東上四塞世告至此周公明堂之位也釋文采七在反塞先代反此周公明堂之位也本或無周公之字

三公謂二伯統領諸侯者也明堂九階東西北各二階而南面三階中階阼階賓階南面之三階也三公中階之前以對王為尊也門東門西應門之左右也明堂四面有門而南門之內又有應門也諸侯言位諸伯以下言國互見之也諸侯諸伯諸子諸男此侯甸男采衛五服之諸侯在中國者也九蠻〔夷〕八蠻六戎五狄在九服之外所謂四海者也九采之國謂蠻服諸侯也王制千里之外曰采曰流自蠻服以內皆謂之采其地在九州之內采取美物以貢天子大行人侯服貢祀物至要服貢貨物是也采之地盡於蠻服故謂蠻服為九采

四塞四方邊塞之國夷鎮蕃三服之諸侯在九州之外者也世告至者謂無朝貢常期每父死子立及嗣王即位乃一来至大行人九州之外謂之蕃國世壹見是也四塞之國盖在四門之内北面東上與夷蠻戎狄相近象象蕃國之守候邊塞而外與四海接也矦甸男采衛在應門内要服在應門外蕃國在四門内四海在四門外以應門之内象中國以四門之内象九服近者在内遠者在外此諸侯朝位之差也孔氏曰九夷之國在東門外之南故北上八蠻在南門外之西故東上六戎在西門外之北故南上五狄在北門外之西故東上

陳東氏祥道曰周禮治朝之位左孤卿右公侯伯子男射人孤東面卿大夫西面皆尚右東西面者皆尚北路門之左右者皆尚中而明堂位諸侯西面諸伯東面則不尚右在門東

門西者東上則不尚中在西門之外者東面南上則不尚北何也儀禮諸侯覲於天子天壇壝宮於國外上介皆奉其旂置于宮尚左公侯伯子男各就其旂而立位皆東上是朝于國外與國內之禮異也明堂位與壇壝宮相類蓋亦國外之禮然也

其以似當作以其

明堂也者明諸侯之尊卑也

鄭氏曰朝於此所以正儀辨等也愚謂明堂蓋其以在國之陽而洞然通明故以為名朝諸侯特一時之事耳以為明諸侯之尊卑乃附會之說也

昔殷紂亂天下脯鬼侯以饗諸侯是以周公相武王以伐紂武王崩成王幼弱周公踐天子之位以治天下六年朝諸侯於明堂制禮作樂頒度量而天下大服七年致政於成王釋文紂直九反相息亮反頒音班量

徐音亮

鄭氏曰以人肉爲薦羞惡之甚也踐猶履也頒讀爲班度謂丈尺高卑廣狹也量謂豆區斗斛筐莒（筥）所容受致政以王事歸授之孔氏曰鬼侯史記作九侯方氏慤曰紂之惡不止於脯鬼侯蓋舉其甚者以明武王之所以伐也愚謂制禮以定民志作樂以和民心頒度量以一民俗故天下之服由此也

成王以周公爲有勲勞於天下是以封周公於曲阜地方七百里革車千乘命魯公世世祀周公以天子之禮樂釋文乘繩證反

鄭氏曰王功曰勲事功曰勞曲阜魯地上公之封地方五百里加魯以四等之附庸方百里者二十四并五五二十五積四十九開方之得七百里革車兵車也兵車千乘成國之賦也詩魯頌曰王謂叔父建爾元子俾侯于魯大啟爾宇爲周

本疏引作公詩經亦作公

室輔乃命魯侯俾侯于東錫之山川土田附庸又曰公車千乘朱英綠縢祀周公以天子之禮樂同之於周尊之也魯公伯禽孔氏曰臣瓚註漢書云魯城內有曲阜逶迤長八九里魯受上公五百里之封又加四等附庸四等謂侯伯子男也按大司徒註云公無附庸侯附庸九同伯附庸七同子附庸五同男附庸三同總為二十四曰同謂百里也既受五百里之封五五二十五為二十五同又加二十四同故云四十九同開方計之得七百里愚謂鄭氏四等附庸之說本無所出周禮諸公之地方五百里國之大者無踰於此若地方七百里半天子之地則雖漢時封之庶孽幾半天下者其廣大亦不至此記者之夸辭耳以魯之封域考北抵汶上東盡於海西鄰宋衛南至泗水得淮其不得為方七百里明矣公羊傳

元本作三乃之字草書逼似而誤

元本重此字

卷卅一

曰周公白牡魯公騂犅群公不毛周公盛魯公燾群公廩則魯之祀周公其禮固有異矣然未有以見其用天子之禮樂也魯僭郊禘見於禮運孔子之歎及呂氏春秋之書武宮之立見於春秋乘大路設兩觀朱干玉戚以舞大武八佾以舞大夏皆僭天子之禮見於公羊傳子家駒之言則其所用四代之器服以為出於成王之所賜者亦未可盡信也

是以魯君孟春乘大路載弧韣旂十有二旒日月之章祀帝于郊配以后稷天子之禮也釋文載音戴又如字弧音胡韣音獨旂其衣反本又作旗音其旒本又作斿力求反

○按載字如字亦通

孟春夏正之孟春也左傳啟蟄而郊孟獻子曰郊祀后稷以祈農事也故啟蟄而郊郊而卜耕此魯郊在建寅之月明矣凡經典所言祭祀之月皆舉夏正周禮大宗伯以祠春享先

王以禴夏享先王以嘗秋享先王以烝冬享先王大司樂冬
日日圜丘夏日至方丘之類無不皆然惟春秋所書郊禘嘗
烝之月則為周正耳天子祭天歲有九而魯僭其二焉郊及
大雩是也皆祈祭也其冬至大報天之　祭則魯未嘗行也
大路天子祭天之車也弧以竹為之其形象弓以張旌旗之
幅考工記弧旌枉矢以象弧是也韣所以韜弧之衣也日月
之章大常之旗也

季夏六月以禘禮祀周公於太廟牲用白牡尊用犧象山罍鬱尊
用黃目灌用玉瓚大圭薦用玉豆雕篹爵用玉琖仍雕加以璧散
璧角俎用梡嶡釋文夏戶嫁反下夏礿同禘大計反太廟音泰後大廟皆同犧素何反下同罍音雷灌古亂反瓚才
旦反彫本亦作雕篹息緩反又祖管反琖側眼反散先旦反梡苦
管反嶡居衛反又作橛音同○按犧又如字
鄭氏曰禘大祭也周公曰大廟魯公曰世室羣公稱宮白牡

五百卌三

餟牲也尊酒罍犧尊以沙羽為畫飾象骨飾之鬱鬯之尊也
黄彝也按此文誤脫當云象尊象骨飾之〻黄目黄彝也鬱鬯之尊也
灌酌鬱尊以獻也瓚形如槃容五升以大圭為柄是謂圭瓚
篹籩屬也以竹為之彫刻飾其直者也爵君所進於尸也仍
因也因爵之形為之飾也加加爵也散角皆以璧飾其口也
梡如始有四足也嶡為之距愚謂此言魯禘所用之禮也季夏
六月夏正之六月也禘者天子之大祭祭始祖所自出之祖
於大廟而以始祖配之也魯之禘蓋祀周公而以魯公配之
故曰以禘禮祀周公於太廟以記之所言考之魯之禘祭其
禮皆視天子而有降焉則其不及文王可知矣其謂之禘者
蓋以不及羣廟之主而所用者乃禘之禮樂也白牡者周公
之牲也祭周公以先代之牲蓋出於成王之命以示其不敢

臣周公之意也尊用犧象山罍薦用玉豆雕篹爵用玉琖仍雕俎用梡嶡皆兼用前代之器也天子宗廟之祭於前代之器備用之諸侯惟用當代之器魯兼用前代之器而不備焉降於天子而隆於諸侯也籩豆皆飾以玉而雕鏤之豆言玉篹言雕互見之也玉琖夏后氏之爵也玉琖仍雕者蓋夏后氏以玉為琖不加雕鏤今因其舊制而加以雕鏤也加謂九獻之後諸臣為加爵也四升曰散五升曰角犧象說見禮器黄目見郊特牲玉瓚見王制梡嶡見後此言魯禘所用之禮也

此言至禮也九字
疑衍文

升歌清廟下管象朱干玉戚冕而舞大武皮弁素積裼而舞大夏昧東夷之樂也任南蠻之樂也納夷蠻之樂於大廟言廣魯於天下也釋文裼星歷反昧音妹任而林反或而鴆反

五之卅の

鄭氏曰清廟周頌也朱干赤大盾也斧戚也大武周舞也大夏夏舞也周禮昧師掌教昧樂愚謂此言魯禘所用之樂也升歌清廟下管象說見文王世子朱干赤盾也玉戚以玉飾斧也朱干玉戚冕而舞大武者武王伐紂初執朱干以待諸侯樂記總干而山立是也後執黃鉞以臨六師牧誓王左仗黃鉞是也天子宗廟之中舞大武之舞則王親在舞位執朱干玉戚以象武王服冕者因祭時之服也諸侯雖得舞大武然其所象者但自周公召公以下而不得象武王朱干玉戚以舞大武魯之僭禮也皮弁素積裼而武（舞）大夏者皮弁天子之朝服也大夏文舞所以象治功之成故舞者朝服不云冕者君不親舞也然則大武自王以外蓋韋弁服與武王受末受命作大武之舞以象伐紂之功而未及作文舞宗廟之祭則

七

因夏之大夏脩而用之以配大武備文武之舞而以大武為重祭統曰舞莫重於武宿夜是也昧周禮作韎言服韎韋以舞也任之義未詳廣魯於天下言廣大周公之德於天下也天子有四夷之樂魯惟用其二降於天子也魯在東南與淮夷徐戎近大廟用夷蠻之樂蓋欲亦以周公之德以感服之與○陳氏祥道曰先王舞先王代之樂亦有法也舞當代之樂亦有制也舞四夷之樂亦有懷也

君卷冕立于阼夫人副褘立于房中君肉袒迎牲于門夫人薦豆籩卿大夫贊君命婦贊夫人各揚其職百官廢職服大刑而天下大服釋文褘音輝袒音誕

鄭氏曰副首飾也今之步摇是也詩云副笄六珈周禮追師掌王后之首飾為副褘王后之上服唯魯及王者之後夫人

服之諸侯夫人則自揄狄以下贊佐也内婦於内則世婦也於外則大夫之妻也祭祀世婦以下佐夫人揚舉也大刑重罪也天下大服知周公之德宜饗此也愚謂房中東房之中也肉袒迎牲者為牲入當親殺也郊特牲曰肉袒親割敬之至也職謂廟中之職事百官廢職服大刑蓋祭前誓戒之辭也

是故夏礿秋嘗冬烝春社秋省而遂大蜡天子之祭也釋文礿音藥省讀為獮仙淺反蜡仕嫁反○按省當作社

礿當作禘古禘禴字相亂或以禴為禘或以禘為礿四時皆祭但言夏秋冬者記者見春秋不書魯春祭遂以為魯但有三時之祭也省當作社説見玉藻春社祈也秋社報也天子大蜡八諸侯之蜡蓋有所降與方氏慤曰凡此亦諸侯之所

同

太廟天子明堂庫門天子皋門雉門天子應門

天子於明堂聽朔魯於太廟聽朔故曰太廟天子明堂鄭氏因此遂謂魯太廟爲明堂制又謂天子太廟爲明堂制皆誤也天子三門諸侯亦三門但其名異而其制亦殺焉庫門天子皋門者皋門天子之外門庫門諸侯之外門魯之庫門制如天子之皋門也雉門天子應門者應門天子之朝門雉門諸侯之朝門魯之雉門制如天子之應門也子家駒曰設兩觀天子之禮也兩觀在雉門之兩旁是魯之雉門用天子之制明矣○劉氏敞曰此經有五門之名而無五門之實以詩書禮春秋考之天子有皋應畢無庫雉路諸侯有庫雉路無皋應畢天子三門諸侯三門門同而名不同何以言之詩曰

乃立皐門乃立應門書曰二人雀弁執惠立于畢門之内又曰王出在應門之内此皆言天子也畢門或謂之虎門蓋王在國則虎賁氏守王之宫蓋居此門故曰虎門又或謂之路門蓋建路鼓於此門之外故曰路門無道庫雉者非天子門故也明堂位所言蓋魯用王禮故門制同王門而名不同也諸侯有路路寢之門是謂路門此諸侯一門也春秋曰雉門及兩觀災譏兩觀不譏雉門也無道皐應畢者非諸侯門故也戴氏震曰天子諸侯皆三朝則天子諸侯皆三門禮説曰天子五門皐庫雉應路諸侯三門皐應路失其傳也天子之宫有皐門有應門有路門路門一曰虎門一曰畢門不聞天子庫門雉門也郊特牲云獻命庫門之内此亦據魯之事記者以魯用天子禮樂故推魯事合於天子所稱多傅會失實諸侯之宫有庫門有雉門有路門不聞諸侯皐門

九

應門也

振木鐸於朝天子之政也　釋文鐸大各反

木鐸以金為鐸以木為舌將有新令則奮之以令於衆使明聽也檀弓曰既卒哭宰夫執木鐸徇于宮是諸侯之朝亦振木鐸矣

山節藻梲復廟重檐刮楹達鄉反坫出尊崇康圭疏屏天子之廟飾也　釋文藻本又作繰音早梲專悅反復音福重直龍反檐以占反刮古八反鄉許亮反坫丁念反康音抗苦浪反

鄭氏曰山節刻欂櫨為山也藻梲畫侏儒柱為藻文也復廟重屋也重檐重承壁材也刮刮摩也鄉牖屬謂夾窗戶也每室八窗為四達反坫反爵之坫也出尊當尊南也惟兩君為好既獻反爵於其上崇高也康讀為亢龍之亢又為高坫抗所受圭奠于上焉屏謂之樹今桴思也刻之為雲氣蟲獸如

按本改政

宗廟按釋宮文改
毛本疏文宗誤宗

五ろの十八

今闕上為之矣孔氏曰節名欂櫨今名斗拱釋宮云宗廟謂之梁其上楹謂之梲李巡云梁上短柱也重檐謂就外檐下壁復安板檐以避風雨之灑壁刮摩也楹柱也以密石摩柱漢時謂屏為桴思解者以為天子外屏人臣至屏俯伏思念其事按匠人注云之城隅門謂角桴思也漢時東闕桴思災則桴思小樓也故城隅闕上皆有之然則屏上亦為屋以覆屏墻故稱屏曰桴思愚謂此言魯太廟之飾同於天子也復廟鄭氏以為重屏屋考工記注云重屋復笮笮在瓦之下椽之上以竹或木為之復笮謂椽上有笮椽下復為笮也椽端横木謂之檐漢人謂之承壁材蓋以其在壁外而承受於壁也重檐謂於檐下復安板檐以避風雨之灑壁也刮楹刮摩其柱也㲉梁傳曰天子之桷斲之礱之加密石焉則其柱刮之

十

可知鄉牖也達謂疏達之便顯明也覲禮天子設斧依于戶牖之間是天子之廟室亦東戶西牖明矣鄭氏以八窓四達解達鄉蓋以魯太廟為明堂制其說非是反坫說見郊特牲設反坫者為諸侯之大饗于此設崇坫者為諸侯之朝聘于此也兩君相見授玉於兩楹之間則崇坫設於兩楹間也

鸞車有虞氏之路也鉤車夏后氏之路也大路殷路也乘路周路也釋文鉤古侯反乘徐食證反○鄭註鸞或為欒

鄭氏曰鸞有和鸞也鉤有曲輿者也大路木路也乘路玉路也漢祭天乘殷之車今謂之桑根車也孔氏曰鉤曲也曲輿謂曲前闌也虞質未有鉤矣愚謂古時車制質略虞始為之和鸞夏始為之曲闌至殷而制略備周有金玉等五路而用殷之大路以祀天魯之乘路為金路而祀天亦乘之路焉

有虞氏之旂夏后氏之綏殷之大白周之大赤釋文綏依註爲緌耳佳反
鄭氏曰綏當作緌讀如冠蕤之蕤愚謂有虞氏始為交龍之
旂夏后氏於旂之外又為綏殷人又增為大白周人又增為
大赤也綏及大白大赤皆染旄注於竿首而無旒縿綏之色
黑夏所尚也謂之綏者言其垂旄緌緌然也周禮謂之大麾
言其可指麾也書牧誓曰王右秉白旄以麾白旄即大白也
此三旗皆在九旗之外而可以秉之麾之則其杠蓋視九旗
而稍小也周禮王之玉路建大常以祀金路建大旂以賓象
路建大赤以朝革路建大白以即戎木路建大麾以田諸侯
則同姓封以金路異姓以象路四衛以革路蕃國以木路皆
建龍旂而大麾大白大赤亦各因其旨而用之焉○鄭氏注
周禮謂大赤即司常之通帛曰旜非也旜乃孤卿所建而大

十一

赤王用以朝可合而為一乎

夏后氏駱馬黑鬣殷人白馬黑首周人黃馬蕃鬣釋文駱音洛鬣力輒反蕃字又作蕃音煩

鄭氏曰順正色也白馬黑鬣曰駱殷黑首為純白凶也孔氏曰駱白黑相間也此馬白身黑鬣故曰駱夏尚黑故用黑鬣殷尚白頭黑而鬣白也蕃赤也似三代但以鬣為所尚也愚謂檀弓夏后氏戎事乘驪殷人乘翰周人乘騵皆用純色與此不同者檀弓專謂戎事所用此蓋祭祀所乘及用以為幣者也康王之誥曰皆布乘黃朱雜記曰陳乘黃大路於中庭是周人以馬為幣者皆尚黃也左傳宋公子地有白馬四公取而朱其尾鬣則馬鬣之色蓋有以人為之者矣

夏后氏牲尚黑殷白牡周騂剛釋文騂息營反又呼營反

十九

各用其所尚之色也剛猶牲也公羊傳作犅
泰有虞氏之尊也山罍夏后氏之尊也著殷尊也犧象周尊也釋文
大音泰本亦作泰著直畧反

虞字可删 並據疏改

鄭氏曰泰用瓦著著地無足孔氏曰罍猶雲雷也畫爲山雲
之形也殷尊著地無足故謂之著則虞泰罍犧足有足也方
氏慤曰山罍即山尊也禮器亦謂之罍尊非謂諸臣所酢之
罍也以山罍爲尊因謂之罍尊亦猶以壺爲尊因謂之壺尊
也愚謂泰泰古之瓦尊無飾者燕禮曰公尊瓦大兩是也瓦
尊起於大古而有虞氏用焉此以泰與山罍連言司尊彝以
大尊山尊連言則山罍即山尊可知司尊彝既言山尊又言
皆有罍諸臣之所酢則山尊非諸臣所酢之罍可知天子春
夏用犧尊象尊秋冬用著尊壺尊追享朝享用大尊山尊諸

十二

侯用惟用當代之尊魯禘兼用山罍以大尊著尊未嘗用也
爵夏后氏以琖殷以斝周以爵釋文斝ノ音又古雅反
鄭氏曰斝畫禾稼也陳氏祥道曰斝有耳愚謂天子朝獻以
斝饋獻以琖酳尸以爵說詳禮運諸侯惟得用當代之爵魯
禘兼用玉琖仍雕而斝則未嘗用也
灌尊夏后氏以雞夷殷以斝周以黄目其勺夏后氏以龍勺殷以
疏勺周以蒲勺釋文勺市灼反
鄭氏曰夷讀為彝周禮春祠夏禴祼用雞彝鳥彝秋嘗冬烝
祼用斝彝黄彝龍龍頭也疏通刻其頭蒲合蒲如鳬頭也又
曰雞彝刻而畫之為雞形斝讀為稼稼彝畫禾稼也司尊彝註孔
氏曰刻為鳬頭其口微開如蒲草本合而末開也愚謂灌尊
盛鬱鬯以灌者也三代之彝天子俻用之魯用黄目而已勺

按本疏改

五十八

元本有也字

本注作穅

所以酌鬱鬯而注于(於)瓚者也

土鼓蕢桴葦籥伊耆氏之樂也釋文蕢讀為凷苦對反桴音浮葦于鬼反籥音藥

土鼓凷桴說見禮運葦籥截葦為籥也此上古之樂而蜡祭用焉伊耆氏掌為蜡因謂其樂為伊耆氏之樂焉

拊搏玉磬揩擊大瑟(大琴)中琴小瑟四代之樂器也釋文拊芳甫反搏音博揩居八反大琴徐本作瑟

鄭氏曰拊搏以韋為之充之以糠(穅)形如小鼓揩擊謂柷敔皆所以節樂者也四代虞夏殷周也愚謂周禮大師師瞽登歌令奏擊拊周禮謂之拊虞書謂之搏拊此謂之拊搏一也拊搏所以令登歌而大師擊之樂器之〻坐者也玉磬特懸之磬(也)周禮但有編磬無玉磬然郊特牲玉磬為諸侯之僭禮則天子之樂編磬之外別有玉磬拍擽也揩擊書作戛

十二

推當作椎據爾雅注改

擊鄭氏及書孔傳皆以為即柷敔、以木擽其齟齬刻故謂之楷柷中有推（椎）柄連底撞之令擊故謂之擊升歌與下管之樂皆擊柷以起之擽敔以止之故虞書言戞擊以詠以配堂上之樂又言合止柷敔笙鏞以間以配堂下之樂也釋樂大琴謂之離郭氏云或曰琴大者二十七絃釋樂又云大瑟謂之灑郭氏云長八尺一寸二十七絃邢疏云禮舊圖雅瑟長八尺一寸二十三絃其常用者十九絃頌瑟長七尺二寸二十五絃盡用之有中琴則有中瑟有小瑟則有小琴蓋天子備之而魯有不盡得焉虞書曰戞擊鳴球搏拊琴瑟以詠凡此樂罷皆升歌之所用琴瑟在堂上拊搏玉磬楷擊在堂下琴瑟以升歌而拊搏以令之玉磬以節之擊以起之楷以止之也

五百〇二

魯公之廟文世室也武公之廟武世室也

鄭氏曰此二廟象周有文王武王之廟也世室者不毁之名也魯公伯禽也武公伯禽之元孫也名敖孔氏曰按成六年立武宫公羊左傳並譏之不宜立者也又武公之廟立在武公卒後其廟不毁在成公之時此記所云美成王襃崇魯國而已因武公廟不毁遂連文而美之非實辭也愚謂文王之廟謂之文世室武王之廟謂之武世室以其百世不毁故也魯以伯禽有文德其廟不毁擬於周之文世室武公有武功其廟亦不毁擬於周之武世室也春秋文公十五年世室屋壞公羊傳曰世室者何魯公之廟也周公稱太廟魯公稱世室是文公時惟有魯公世室而已成六年立武宫公羊傳曰武宫者何武公之宫也蓋武公之廟親盡已毁而至是復

十四

立也禮諸侯五廟魯以周公爲太祖而魯公乃始封之君其廟不可毁故别立爲世室已非諸侯廟之常至武公又非魯公之比而其廟已毁乃再立於武公之時而與魯公之廟並稱爲世室以擬文武則其非禮甚矣而以爲出成王之所則賜可乎

米廩有虞氏之庠也序夏后氏之序也瞽宗殷學也頖宮周學也

釋文廩力甚反頖音判

鄭氏曰庠序亦學也庠之言詳也於以考禮詳事也魯謂之米廩虞帝上孝今藏粢盛之委焉瞽宗樂師瞽矇之所宗也古者有道德者使教焉死則以爲樂祖於此祭之孔氏曰明魯立四代之學也

崇鼎貫鼎大璜封父龜天子之器也越棘大弓天子之戎器也釋文

越棘至器也十字皆衍文

據奏語改

五子〇二

貫古喚反　璜音黃　父音甫

鄭氏曰崇貫封父皆國名文王伐崇古者伐國遷其重器以分同姓大璜夏后氏之璜也春秋傳曰分魯公以夏后氏之璜孔氏曰書傳有崇侯虎貫與崇連文故知崇貫皆國名定四年左氏傳夏后氏之璜封父之繁弱封父與夏后氏相對故知封父亦國名輔氏廣曰諸侯之國皆有分器不獨魯有之而曰天子之器亦夸辭也愚謂封父疑古諸侯之字

越棘大弓天子之戎器也

鄭氏曰越國名也棘戟也春秋傳曰子都拔棘

夏后氏之鼓足殷楹鼓周縣鼓　釋文縣音

鄭氏曰足謂四足也楹為之柱貫中　出也縣縣之簨虡也殷頌曰植我鼗鼓周頌曰應朄縣鼓孔氏曰殷頌那之篇鄭

十五

註云置讀為植引之者證殷楹鼓引周頌者證周縣鼓陳氏祥道曰足不若楹之高楹不若縣之亦後世之彌文耳

垂之和鍾叔之離磬女媧之笙簧釋文音鍾反說文作鍾以此鍾為酒罷之林之用反媧徐古蛙反又古華反

鄭氏曰垂堯之共工也女媧三皇承宓犧者叔未聞也和離謂次序其聲縣也笙簧笙中之簧也世本作曰垂作鍾無句作磬女媧作笙簧孔氏曰和鍾調和之鍾離之磬也言其縣時希疏相離也世本書名有作篇記諸作事云無句作磬皇氏云無句叔之别名義或然也愚謂上言四代之樂器升歌之所用也此節所言下管間歌之所用也

夏后氏之龍簨簴殷之崇牙周之璧翣釋文翣所甲反又作萋

鄭氏曰簨簴所以縣鍾磬也横曰簨飾之以鱗屬植曰簴飾

按設業設虡周頌文
今據本疏改

五丁卅二

之以嬴屬羽屬簨以大板為之謂之業殷又於龍上刻畫之為重牙以挂縣紘也周又畫繒為翣戴以壁垂五采羽於其下樹於簨之角上飾彌多也孔氏曰按考工記筍飾以鱗屬鍾虡飾以嬴屬磬虡飾以羽屬則是筍飾以龍此并云虡者蓋夏時簨虡皆飾以龍至周乃別或（因）簨連言虡也崇重也簨上更加大版刻畫重疊為牙謂之業詩大雅云設虡設業是（虡業維樅）也翣扇也周畫繒為扇戴小壁於扇之上云垂五采羽於其下樹於簨之兩角志（者）按漢禮器制度而知也

有虞之兩敦夏后氏之四璉殷之六瑚周之八簋釋文敦音對又都雷反連本又作璉同力展反瑚音胡簋音軌

鄭氏曰皆黍稷器制之異同未聞愚謂特牲禮先云主婦設兩敦而後云分簋鉶則周之簋亦謂之敦矣是敦璉瑚簋四

十六

代之名雖異而其實為一物也有虞氏始為兩敦三代遞加焉亦後王之彌文也特牲禮二敦少牢禮四敦以此差之諸侯當用六簋天子當用八簋魯之禘祭蓋亦八簋與

俎有虞氏以梡夏后氏以嶡殷以椇周以房俎　釋文椇俱甫反

鄭氏曰梡斷木為四足而已嶡之言蹷也謂中足為横距之象周禮謂之距椇之言枳椇也謂曲橈之也房謂足下跗也上下兩間有似於堂房魯頌曰籩豆大房孔氏曰嶡謂足似横蹷故鄭讀為蹷謂足横辟不正也俎足間有横似有横蹷之象也周禮謂之距者言周代禮儀謂此俎之横者為距故少牢禮腸三胃三長皆及俎距椇枳之樹其枝多曲橈殷俎似之房俎俎頭各有兩足足下各别為跗足間横者似堂之壁横下二跗似堂東西頭各有房也

夏后氏以楬豆殷玉豆周獻豆釋文楬徐苦瞎反又苦八反獻素何反

鄭氏曰楬無異物之飾也獻疏刻之齊人謂無髮為禿楬孔氏曰獻音娑娑是希疏之名故為疏刻之愚謂楬豆斵木為之而無他飾也士喪禮大斂毼豆兩鄭氏云毼白也毼豆即楬豆殷周豆既有飾故以夏后氏之楬豆用之喪奠也周禮外宗佐王后薦玉豆是周亦名玉豆矣蓋殷之豆飾以玉而不雕周飾以玉而又雕之刻其柄故別名獻豆

有虞氏服韍夏后氏山殷火周龍章釋文韍音弗○鄭註韍或作黻

鄭氏曰韍冕服之韠也舜始作之以尊祭服禹湯至周增以畫文後王彌飾也山取其仁可仰也火取其明也龍取其變化也天子備之諸侯火而下卿大夫山士韎韋而已

有虞氏祭首夏后氏祭心殷祭肝周祭肺

按疏訂

疏

方氏慤曰有虞氏祭首尚用氣也氣以陽爲主首者氣之陽也至於三代則各祭其所勝者焉夏尚黑爲勝赤心赤也殷尚白爲勝青肝青也周尚赤爲勝白肺白也

夏后氏尚明水殷尚醴周尚酒

鄭氏曰此皆言其時之用耳言尚非孔氏曰夏后氏尚質故用水殷人稍文故用醴周人轉文故用酒案禮儀設尊尚元酒是周亦尚明水也禮運云澄酒在下則周不尚酒故知言尚非也

有虞氏官五十夏后氏官百殷二百周三百

書言唐虞稽古建官惟百夏殷官倍與此不同此記特以時代差次畧計之耳周官三百六十而言三百舉成數也輔氏廣曰魯侯國必不能盡備四代之官此皆夸辭

本注作綢

註當作注

青罕

有虞氏之綏夏后氏之綢練殷之崇牙周之璧翣釋文綏耳佳反綢吐刀反徐音綢（籌）

鄭氏曰綏亦旌旗之緌夏韜（綢）其杠以練為之旒殷又刻繒為重牙以飾其側亦飾彌多也此旌旗及翣皆喪葬之飾周禮大喪葬巾車執蓋從車持旌御僕持翣旌從遣車翣夾柩路左右前後天子八翣皆戴璧垂羽諸侯六翣皆戴圭大夫四翣士二翣皆戴緌孔子之喪公西志（赤）為識亦用此焉爾雅說旌旗曰素錦綢杠纁帛縿素升龍於縿練旒九愚謂此其喪葬旌旗之飾也緌謂以旄及羽註於旗竿之首也綢練綢其杠而以練帛為之旒也士喪禮有二旌一為銘旌一為乘車所建之旜此綢練之旌謂乘車之所建諸侯則為交龍之旂爾雅所言纁帛縿素升龍于（於）縿者是也天子則為大常鄭氏

六

接本頁後

引巾車大喪執旌是銘旌故可執非車上之大常又銘旌當在柩路前亦不從遣車也樂簴有崇牙以懸鍾磬之紘此崇牙蓋刻於旌竿之首以懸綏者也天子翣戴璧諸侯翣戴圭此云周之璧翣則是魯之喪制用天子之璧翣與

凡四代之服器官魯兼用之是故魯王禮也天下傳之久矣君臣未嘗相弑也禮樂刑法政俗未嘗相變也天下以為有道之國是故天下資禮樂焉釋文傳文專反弑本又作殺○鄭註資或為飲

孔氏曰既陳四代服官器於前此經結之然言伊耆氏之樂又有女媧之笙簧非惟四代而已此據其多者言之其間亦有止舉三代者此四代服器魯每物中得有用之不謂事事用也作記之時是周代之末惟魯獨存周禮故以為有道之國左傳云諸侯宋魯於是觀禮是天下資禮樂也○鄭氏曰

右四十又

春秋時魯三君弒又士之有誄由莊公始婦人髽而弔始於臺駘云君臣未嘗相弒政俗未嘗相變亦近誣矣朱子曰夏父躋僖公禮之變也季氏舞八佾歌雍詩樂之變也僖公欲焚巫尪刑之變也宣公初稅畝法之變也政逮於大夫政之變也婦人髽而弔俗之變也陳氏澔曰此篇主於夸大魯國故歷舉其禮樂之盛如此不知魯之郊禘非禮也則此記所陳適足以彰其僭而已

十九

禮記卅八卷　共計九千六百五十の字

連書面共卅一頁